AF286832

Der Autor

Matthias Klaß, geboren am 02.02.1965 in Eisenach

Herausgeber des zwischen Berlin und Nürnberg nicht unbekannten Fanzines "Kreuzbandriss". Schrieb 2006 am WM-Buch "Der Ball ist aus" für den Eulenspiegel-verlag. Ein Jahr später mit zwei Storys in "Pauschal ins Paradies" von Andreas Gläser, erschienen bei Voland & Quist, von der Partie. Ansonsten zahlreiche Veröffentlichungen von Kurzgeschichten und Kolumnen in verschiedensten Tageszeitungen.

Herstellung und Verlag:
Books on Demand GmbH, Norderstedt
ISBN 978-3-8370-1952-0

Matthias Klaß

Knackwurschtliga

Ein Unterklassenmärchen

Kapitel 1

Endlich wieder Fußball!

Der Start in eine neue Saison ist für den Fußballfan, egal ob er zur Kommerz- oder zur Knackwurschtliga geht, so ähnlich wie der erste Schultag nach den gro-ßen Ferien. Man trifft die ganzen Nasen wieder, die man aus den vielen Spielzeiten so gut kennt wie die eigene Familie, oder eben die Klassenkameraden. Der erste Spieltag ist grundsätzlich der Tag der Fragen. Wer ist wohin gewechselt? Wer hat sich im Sommer einen neuen Sponsor geschnitzt, der für gute Spieler seine
Geldbörse zu melken bereit ist? Wer will aufsteigen? Wen interessiert nur der Klassenerhalt? Wer sind die neuen Mannschaften? Wo liegen ihre Dörfer und wie kommt man dahin? Und nicht zuletzt: Wo steht mein Verein am Ende dieser Saison?
Ich habe mein Fanzine pünktlich zum ersten Spieltag fertig gestellt und stehe am Einlass, um die ersten 30 Hefte an den Verbraucher zu bringen.

Die Beiden Kassierer am Einlass heißen Jürgen und Schorsch. Jürgen ist ein stiller Mittvierziger, der nur auf dem Sportplatz Emotionen explodieren lässt. Au-ßerdem ist er einer der strengsten Vereinspessimisten, denen das Tribünendach des Wartburgstadions bei Wind und Wetter Obdach gibt. Jürgen lässt kein Trai-ning aus, egal ob die Erste, die Zweite oder die A-Junioren schwitzen. Hinter vorgehaltener Hand mun-kelt man, dass Jürgen sogar ins Stadion gehen würde, wenn der Zeugwart die Trikots der Spieler zum Trock-nen aufhängt. Schorsch ist eine Generation älter als

Jürgen. Genau weiß ich sein Alter nicht mitzuteilen, aber er erfreut sich schon lange Zeit des Genusses des Rentnerdaseins. Schorsch ist hager geworden, seit er eine schwere Operation überstanden hat. Er ist zum Ordner, zum Ordnen geboren. Egal, ob nebenan bei den Handballern des ThSV oder eben im Wartburgstadion: Schorsch geht nie ohne die weiße Binde am Arm aus dem Haus. Und er nimmt die ihm übertragenen Aufgaben mit großem Verantwortungsbewußtsein und überaus genau wahr. Manchmal zu genau. Ich erinnere mich an ein Gastpiel unseres Hassgegners Geschwenda im Wabu. Der Trainer der Gäste, ein quecksilbergestörter Choleriker aus dem Dorf mit der Thermometerfabrik, ist dem Schiri derart penetrant auf den Kranz gegangen, dass dieser ihn auf die Tribüne verbannen wollte. Doch da standen schon die ebenfalls aufgebrachten FCW- Fans. Der Schiedsrichter schickte den Übungsleiter in seiner NVA-Trainingshose hinter die Absperrung, doch das war unserem Schorsch nicht genug. Der nämlich warf den Gästetrainer gleich aus dem Stadion. Angeblich hätte ihm das der Referee gesagt, und Menschen aus Schorschs Generation tun was ihnen gesagt wird. Der Trainer sah das Ganze natürlich anders und versuchte, unseren
Ordnerveteran abzuschütteln. Doch der ließ sich nicht einwickeln, so dass der Gästecoach den Rest des Spieles durch die Gitter des Stadiontores verfolgen musste, wie ein Kiebitz dem die 2 Euro für den Eintritt fehlen. Es war das letzte Mal, dass unser Club auf Geschwenda traf. Die dauernden Scharmützel der Eisenacher mit dem kampflustigen Dorfmob veranlassten den Staffeleinteiler letztlich dazu, Geschwenda aus unserer Bezirksligastaffel zu nehmen und in eine andere zu setzen.

Das alles ist lange her. Heute kommen die Gäste aus einem Nachbardorf Eisenachs. Seit zwei Jahren ist Stedtfeld formal ein Stadtteil der kreisfreien Stadt Eisenach. Seitdem reden die Spieler der SG Hörseltal vom Stadtderby, wenn sie gegen den FCW antreten. Kaum ein Eisenacher hält Stedtfeld für eine Stadt und kaum ein gebürtiger Stedtfelder bezeichnet sich als Eisenacher. Alle Spieler der SGH sind Eisenacher, die es nicht geschafft haben, sich beim Eisenacher Topclub in die erste Mannschaft zu spielen. Vielleicht trägt deswegen dieses Match in ihren Augen Derbyzüge.

Ich stehe hinter Schorsch und schaue mir die Gestalten an, die zum Stedtfelder Anhang zählen. Den Stedtfelder Durchschnittsfan muss man sich wie folgt vorstellen: Anfang 50, einen Frontspoiler von der vielen fetten, hausgeschlachtenen Wurst und eine Bismarckfrisur. In der Bezirksliga haben die Oberlippenschnautzer, die seit den 80ern schon out sind, überlebt. Diese Männer halten sich nicht für Fans - sie sind Schlachtenbummler. Sie tragen keine Jeans, sondern Niethosen und anstelle von T-Shirts, Nickis. Von Bomberjacken haben sie noch nie gehört, für sie sind die Fliegerblousons bloß Anoracks. Was bei vielen auffällt, ist der unvermeidliche Stielkamm in der Arschtasche. Schorsch und Jürgen müssen sich ihre plumpen Witze gefallen lassen. Die Stedtfelder stellen geistreiche Fragen, die sie mangels geeigneter Gesprächspartner selbst beantworten müssen: „Na? Wer gewinnt heute? Stedtfeld natürlich!"

„An Erfahrung bestenfalls, aber nur wenn sie über die Fähigkeit zu lernen verfügen, was ich bezweifle!", mische ich mich ein und kassiere drohende Blicke. „Typisch Eisenacher Ärsche. Immer die große Fresse!", mault einer der Dörfler. Die Mannschaften laufen auf zu diesem Unlied von „Europe", welches die dritten Fernsehprogramme für ihr Publikum mit den dritten Zähnen immer an Silvester spielen, auf. Was für ein saublödes Lied, um in eine Fußballsaison zu starten. „Its the Final Countdown", quäkt es aus den antiken Lautsprechern des Stadions. Trotzdem werde ich zappelig. Es ist nicht gerade ein leichter Auftakt, gegen eine Mannschaft anzutreten, die aus Prinzip Schaum vor dem Mund hat, wenn sie gegen unseren FCW antreten darf. Meine Sorge scheint unbegründet, denn mein Club legt los, als wollten sie nur bis zur Halbzeit spielen. Zwei Chancen gleich am Anfang und nach der dritten ein Pfiff und der Fingerzeig des schwarzen Mannes zum Kreidepunkt in Stedtfelds No-go-area. Elfmeter für Wabu-City! Kapitän Venter, der am letzten Spieltag der Vorsaison einen Strafstoß in die Umlaufbahn gejagt hatte, will dieses Mal Ballgefühl nachweisen, so dass der Gästekeeper kaum Mühe hat, die Murmel abzuwehren. Stedfelds Bauernkrieger auf der Tribüne stehen kurz vor einer Kollektiverektion. Und als die Dörfler auch noch in Führung gehen, feiern ihre Endorphine Milleniumsfasching. Befürchtungen an den letzten August werden wach, als die SGE, ihres Zeichens Aufsteiger, den Club schlimm versohlte. 5:2 gewannen sie seinerzeit im Wabu.

Doch soweit sind wir heute noch nicht. Eine Pausenführung ist noch kein Sieg. Und die zweite Halbzeit gehört am Anfang klar den Hausherren. Der Ausgleich ist hoch verdient und löst dementsprechend Eisenacher Geschrei aus. Eisenach will den Sieg, Stedtfeld auch. Ein Unentschieden empfindet jeder auf dem Platz und jeder auf der Tribüne als Klatsche. In den letzten 10 Minuten bestimmen die Dörfler, wohin der Ball rollt, doch sie lassen zu viele Chancen aus. Froh ist niemand über dieses Unentschieden und nur ganz wenige Zuschauer klatschen, als der Schiri abpfeift. Aber es hätte auch wieder ins Auge gehen können, wie beim letzten Spiel in Stedtfeld, als der FCW die bessere Mannschaft war, Stedtfeld aber eine Handvoll Chancen zu einem 2:1-Sieg nutzte. Es gibt Schlimmeres als ein Auftaktremis!

Kapitel 2

Zu Gast im Stern

Wie alle richtigen Fans, so liebt auch der Knackwurschtligasupporter Auswärtsspiele. Ungünstig ist es, wenn Auswärtsspiele sonntags stattfinden. Günstig ist es, wenn Ferienzeit ist. Ungünstig ist es, wenn die Anreise mit dem Auto erfolgen muss. Günstig ist es, wenn der Gegner über einen Bahnhof verfügt. Beim ersten Auswärtsspiel der neuen Saison stand es fürm die Fans schon vor dem Anpfiff 3:1 nach Pluspunkten. Nach Mechterstädt sollte die Reise gehen, leider an einem Sonntag, aber immerhin mit dem Zug. Seit fünf Jahren spielt der heutige Gegner in unserer Staffel. Mechterstädt gehört zum Kreis Gotha, das Nachbardorf Sättelstedt zum Wartburgkreis. Also entstammt unser heutiger Gegner sozusagen einem Grenzdorf. Sie treten wie alle Dorfmannschaften auf, wenn es gegen die großkotzigen Städter geht: Mit einer Extrakelle Zaubertrank - Motivation genannt - im Blut. In der vergangenen Saison hatten sie alle Kraft, die sie hatten, darauf konzentriert, endlich Eisenach zu schlagen. Jenes Eisenach, das ihnen damals zwei Leistungsträger unter Vorspielung städtischer Verlockungen ausspannte. Die tollsten Sachen erzählt man sich seitdem über die Freiheiten, die einem als Spieler in der Stadt eingeräumt werden. Freie Kost und Logis in vielen Kneipen und Diskotheken und willige Frauen en Masse. Die

Spieler des FCW, so erzählt man sich, sind die Kings der Discoszene, mit der Platincard der verschiedenen Tresen ausgestattet. Wie konnte da das kleine Mechterstädt mit einem Karneval, einer Kirmes und einem Schlachtfest im Jahr mithalten? Die Stadt verdirbt die jungen Leute, lässt sie mitsündigen Verlockungen ihre Erziehung und all ihre guten Manieren, mit denen sie sich von den verdorbenen Städtern so wohltuend unterscheiden, im Handumdrehen vergessen.

Dafür hatten sie sich im Vorjahr, als der Eisenacher Club am Abgrund zur Kreisliga herumtorkelte, mit ihren ersten zwei Siegen über den FCW der Vereinsgeschichte gerächt. Von diesen Erlebnissen waren sie so paralysiert, dass sie die anderen Gegner schlicht nicht mehr sahen. Am Ende der Saison wurden die Siegesapnoeiker auf einem Abstiegsplatz wach. Abgestiegen sind sie nur deswegen nicht, weil wieder Mal ein Verein seinen Hauptgönner verprellt hatte und deswegen die Auflösung beantragen musste.

Den FCW-Anhang hätte es geschmerzt, eines der schönsten Auswärtsspiele der Staffel gestrichen zu bekommen. Denn für vier Euro nach Mechterstädt und wieder zurück zu kommen, ohne sich in ein Automobil sperren lassen zu müssen, das gab es nirgendwo sonst in der Knackwurschtliga. Man kann sogar sagen, dass wir FCWisten mit dem „Stern" eine Stammkneipe in Mechterstädt haben, wo der Wirt schon fest damit rechnet, dass mindestens 15 Leute bei ihm einkehren, wenn die Victoria den FCW empfängt. Victoria ist keine Karnevalsprinzessin, sondern der Vereinsname des Mechterstädter Sportvereins.

Der Stern hat außer den FCW-Fans schon vielen Promis Obdach geboten. Ob Dagmar Schipanski oder Egon Bahr, sie alle genossen schon die Gastfreundschaft des einzigen Mechterstädter Wirtes, wie die Erinnerungsfotos an den Wänden des Kultlokals belegen.

Um 13.09 rollte der Zug am Eisenacher Hauptbahnhof an, 13 Minuten später hielt er schon an der Mechterstädter Haltestelle. In 13 Minuten kann man eine Menge erleben, wenn man mit der Bahn reist. Zu erst öffneten zwei Punkermädels unseren Waggon und fragten, ob sie und ihre Begleitung auf unsere Wochenendtickets mitreisen könnten. Ihre Begleitung bestand aus 5 Mischlingsjagdhunden. Als die Schaffnerin unsere Karten kontrollierte, erklärte sie auf Anfrage, dass Hunde Kindertickets lösen müssen. Sicher hatte sie sich nur versprochen, aber ihre Verbesserungen gingen im Gelächter unserer Bezirksligareisegruppe schlicht unter. In solchen Momenten geniest man die Knackwurschtliga und möchte um nichts in der Welt mit den Fans von Bayern München, Energie Cottbus oder denen des Hamburger SV tauschen. Als ich in Mechterstedts Kneipe angekommen die Tür zum Gastraum hinter mir schließe, stelle ich fest, dass Franz und Schmidtchen schon da sind. Sie haben nach eigenen Angaben schon einen Zug früher genommen, weil sie Durst haben. Um wieviel früher ihr Zug gefahren ist, habe ich nicht in Erfahrung
gebracht. Aber wenn es nur nach ihrem Durst ginge, müsste das irgendwann in der letzten Nacht gewesen sein.

Ein Einheimischer im Regentonnenformat mit bierdeformierten Tränensäcken und sichtlichen Schwierigkeiten, aufrecht geradeaus zu gehen, umarmt Bambi: „Nna kehennste mich nnoch?"

Bambi ist geborener Eisenacher, hat aber einen Teil seiner Kindheit in Berlin zugebracht. Die Stadt hat ihn nie ganz losgelassen. Seine Liebe zum Fußball und jene zu Berlin treibt zuweilen ganz merkwürdige Blüten. Als sich Millionen von DDR-Bürgern mit den Begrüßungsgeldern westdeutscher Rathäuser in ihren ostdeutschen Portemonnaies auf den Weg machten, um Bananen, Coca-Cola und Westbier in Plastebeutel mit der Reklame kapitalistischer Handelsketten zu stopfen, stetzte sich Bambi mit seinem neuen Valutareichtum in den Zug mit dem Ziel Westberlin. Dort legte er sein Geld an in einen Mitgliedsausweis von Hertha BSC. Dass es damals für Fans noch lange keine Selbstverständlichkeit war, ihrem Club beizutreten, zeigt Bambis Mitgliedsnummer, die 628. Bambi kannst du nachts um halb vier wecken, er kennt seine Mitgliedsnummer auswendig, wogegen er seine Frau fragen muss, wenn es um Alltägliches, wie ihren Geburtstag. oder seine Kontonummer geht. Ob er den dicken frühschoppengezeichneten Mechterstädter noch kenne. wurde er also von jenem gefragt. „Freilich! Warst doch letztes Jahr auch dabei nach dem Spiel da hinten am Kassenhäuschen!"

Da hinten am Kassenhäuschen, damit war eine Meinungsverschiedenheit gemeint, die Bambi mit einem Ruhlaer Anhänger vor dem Sportplatzgelände im vorigen Jahr austrug. Die Ruhlaer sind seit Jahrzehnten traditionelle Erzfeinde der Eisenacher. Seit acht Jahren spielen sie nun schon in der Landesklasse, also ein Stockwerk höher als der FCW. Bambis Freund gehörte zu einem Grüppchen, das irgendwo in der Nähe an einem Erntedankfaschingsweihnachtsosterfest, oder so ähnlich, teilgenommen hatte und nun zum Provozieren dem Spiel beigewohnt hatte. Nach Spielende versammelten sie sich vor dem Ausgang, um weiter zu zecken, bis Bambi sich um den Anführer kümmerte, der seitdem ein oder zwei Narben im Gesicht hat.

Die Mechterstädter hatten sich aus dem Dissenz herausgehalten. Bloß der angetrunkene Dicke hat einen

Ruhlaer davon abgehalten, sich einzumischen. Bambi begriff nicht sofort, dass der korpulente Frühschöppler bloß ein Freibier wollte.

Andererseits, wenn er erst mal eins hatte, würde es sicher nicht mehr so leicht sein, ihn wieder los zu werden. Die zauberhafte Kellnerin des Sterns bemühte sich redlich, den Bierdurst der Eisenacher zu löschen und wurde zum Dank von einigen Unverbesserlichen mit schlüpfrigen Bemerkungen kompromittiert, die ich aus Sittengründen hier nicht wiedergeben möchte. Auf dem kurzen Fussweg zum Sportplatz wurde ich durch ein wildes Hupen aus einem Gespräch mit Schmidtchen gerissen. Kaum zu glauben, wer da hupte, und was noch viel schlimmer war, wer da fuhr. Es war der Regentonnenmann aus dem Stern, er konnte wohl nicht mehr laufen, wollte aber trotzdem zum Fußball. Sicher kannte sein Auto den Weg. Wir nahmen auf dem Sportplatz unsere üblichen Plätze ein in der Nähe der Bierbude. Von den Ruhlaern war heute nichts zu sehen. Sie hätten auch kaum einen Grund zur Freude gefunden an diesem Nachmittag, denn unser FCW trat auf wie in seinen besten Tagen. Die Null- zu- Eins-Führung konnten die Eingeborenen noch ausgleichen, doch in der zweiten Halbzeit flogen alle Splinte. 4:1! Und gleich im ersten Auswärtsspiel. Was spielt es da für eine Rolle, dass der Gegner ersatzgeschwächt war. Das war unsere Combo auch! Die Optimisten fingen schon wieder an zu rechnen: „Dass müsste doch für die Tabellenführung reichen. Vielleicht steigen wir ja dieses Jahr auf..." Mir wäre das recht, doch ich zähle nicht darauf. Weil Hoffnung zu oft in der Vergangenheit mit Enttäuschung bestraft worden ist, und je lauter bei meinem Verein von Aufstieg gesprochen wird, umso misstrauischer werde ich. Nein, ich bin kein Pessimist, aber ich glaube, dass Optimisten das höhere

Herzinfarktrisiko eingehen, zumindest wenn sie Fans meines Clubs sind.

Für eine Bierlänge war noch Zeit im „Stern". Längst war keiner der FCW-Fans mehr nüchtern. Im Gegenteil: In zwei Stunden würden wir alle so aussehen, wie der Regentonnenmann heute Mittag. Die Tür öffnete sich und der FCW-Trainer kam mit seinem Co in die Schänke, gefolgt von der ganzen Mannschaft. Die Wirtsleute schalteten ihre Musikanlage ab, weil mittlerweile nur noch Eisenacher in der Kneipe waren, die alle selber sangen. Nicht gerade schön, aber allemale lauter, als die Aldimusikanlage des Wirtes zu leisten imstande war. Die Krönung der Aus-dem-Stehgreif-Party war eine gemeinsame Uffta der Mannschaft mit den Fans. Der letzte Zug des Abends in Richtung Eisenach bewahrte uns davor, ein Taxi rufen zu müssen. Dieser Nachmittag bot ein Musterbeispiel für eine spontane Kollektivversackung.

Kapitel 3

Ukrainische Mentalität

Der Start in die neue Saison war nicht perfekt verlaufen, sondern nur passabel. Mit dem Heimspiel gegen die Nachbarkreisstadt Bad Langensalza sollte nun aber aus Passabel Gut werden. Das geht natürlich nur mit einem Sieg. Die Spieler waren sich einig: „Das musste gewinnen!"

Mit Langensalza hat der FCW eigentlich recht gute Erfahrungen. Es kam selten vor, dass sie im Wabu gewannen. Vor zwei Jahren waren sie die ersten, die uns im späten November die erste Klatsche zufügen konnten. Der Club wurde souveräner Herbstmeister und nach einer Winterrevolte der Spieler gegen den damaligen Sportdirektor Antnon Topic am Saisonende nur Dritter. Eisenach hat den Preußen einst die Vereinsjuwelen abgekauft, zwei ukrainische Brüder mit dem Familiennamen Bagrow. Leonid und Dimitri waren unzertrennlich und daher nur im Paket zu haben. Leo als Mittelfeldler und Dimitri als Allrounder wären eine echte Verstärkung für den FCW gewesen, wenn...tja wenn der seltene Fall eintrat, dass sie zusammen aufliefen. Einer der beiden war nämlich aus Kartengründen immer gesperrt. Manchmal auch beide. Die Brüder konnten zweifellos Fußballspielen, waren aber übersensibilisiert, wenn es um die Familienehre, um *ihre* Familienehre ging. Und das weiß die ganze Bezirksliga. Unser Wartburgstadion ist zu DDR-Zeiten entstanden, also mit Tartanbahn, Verzeihung Aschenbahn natürlich, gebaut worden. So bekommt man wegen der Distanz von der Tribüne zur Spielfläche kaum mit, was unten auf dem Rasen gesprochen wird. Unser erster Eindruck von den Bagrows war: „Die sind nicht dicht! Die spinnen, die Ukrainer!"

Denn, wenn einer der Brüder mal Streit bekam, konnte man darauf wetten, dass der andere auch gleich auftauchen würde. In Walschleben hat uns ein solcher Auftritt 2002 mal den Sieg und damit den Aufstieg gekostet. Dimitri hatte seinen Gegenspieler gefoult und ihm anschließend Hollywoodqualitäten attestiert. Der war da natürlich anderer Ansicht und die beiden schubsten sich ein wenig vor die Brust. Leonid war von der Szenerie mindestens satte 70 Meter entfernt, was ihn, der er ansonsten im Spiel als lauffaul galt, jedoch nicht daran hinderte, in Rekordzeit zum Tatort zu sprinten, um dort den Walschlebener Schauspieler umzufalten. Der Schiri schickte Towarisch Bagrow natürlich zum Duschen. So lange die Bagrows bei uns waren, war immer was los. Der Club bewegte sich in der Fairplaytabelle grundsätzlich auf den Abstiegsplätzen. Bei unseren speziellen Freunden den Quecksilberhools aus Geschwenda flog Leo schon nach zwanzig Minuten der Draht aus der Mütze. Ein Dorftrottel hatte ihn dauernd als „russisch Swinja" bezeichnet. Swinja ist wohl der russische Name für ein borstiges Nutztier, dessen Intellekt dem des Schäferhundes durchaus gleichwertig sein soll. Der Geschwendaer Rufer hatte in dieser Beziehung sicher Glatze. Außerdem war er so alt, dass er die Bedeutung von Swinja durchaus in einem Gulag kennengelernt haben könnte. Wie gesagt, Leo ist Ukrainer und war deshalb schon wieder beleidigt.

Als ihm der Schiedsrichter den Rücken zuwandte, trat er seinen Gegenspieler mit den Stollen in die Wade, worauf die Thermometerwerkspensionäre neben uns austickten. Sie rissen eine Eisenachfahne, die vor ihnen hing, herunter und warfen sie auf den Platz. Nun setzten sich zwei Dutzend Eisenacher Fans in Bewegung, und jeder der Eingeborenen fand zwei Sekunden später seinen Hals im Eisenacher Klammergriff wieder. Das Spiel geriet zur Nebensache, deshalb brach es der Schiri kurzerhand ab.

Bei einem Freundschaftsspiel in Greußen bekam sich Leo mit den Einheimischen in die Wolle. Er kam mal wieder mit seinem Gegenspieler nicht zurecht und der nicht mit ihm. Ich wußte schon, was gleich kommen würde: Brust an Brust standen sich die beiden gegenüber und starrten sich wie zwei schießwütige Revolverhelden aus einer Clint Eastwoodkopie in die Augen: Einer der Eingeborenen schrie: „Woas hobtn ihor für Ossis dabei?" Ich wollte schon zurückbrüllen: „Selber n Ossi", als ich begriff, dass der Typ eigentlich Assi meinte, das in seiner Mundart aber nur begrenzt artikulieren konnte. Außerdem antwortete Leo jetzt selbst: „Was iiist Aaasie??! Därr sagdd, fieck Dein Muutter!! Was isst daaas!!?"

Ukrainer lassen sich nicht gerne Ratschläge bezüglich der Paarung mit Familienangehörigen geben. Und unsere Beiden schon gar nicht. Wenn ich es mir heute recht überlege, wundere ich mich, dass Leo dieses Spiel regulär beendet hat. Der ehemalige Mannschaftskapitän hat mir in trauter Runde erzählt, dass besonders Ausländer in der Bezirksliga provoziert werden und das zum Teil deswegen, weil die gegnerischen Trainer genau wissen, wie dünnhäutig ausländische Spieler auf Beleidigungen reagieren und deshalb ihre Spieler schon so instruieren, dass sie nicht zu feinfühlig mit den migrantielen Mitbürgern umgehen.

Man könnte meinen, dass dem FCW-Anhang die ständigen Sperren gegen die Beiden auf den Kecks gingen und das stimmt auch teilweise. Andererseits wurden Spieler, die ein wenig Entertainment in einen Knackwurschtligabolz bringen, in Eisenach schon immer verehrt. Wenn erstmal ein Radaubruder aus dem Spiel geflogen war, wurde jede folgende Schirientscheidung immer besonders kritisch von den Zuschauern gesehen. Die Volksseele fordert dann Gerechtigkeit und liebäugelt mit einer Konzession des Referees - als Reparation gewissermaßen. Wenn Letzterer sich weigerte, diesen Bedürfnissen des Mobs nachzukommen, herrschte Stimmung auf der Tribüne. Beim Weg in die Kabine durch einen Gang, gesäumt von einem ungehaltenen Volksauflauf in Hunderterstärke hindurch zu schreiten, kann zu einem Spießrutenlauf werden, gerade für vermeintlich, mit Sicherheit aber für offensichtlich schwache Schiedsrichter.

So gesehen haben es viele Eisenacher bedauert, dass die Bagrows vor zwei Jahren das Wartburgstadion verließen. Sie gelobten Besserung und schlossen sich verschiedenen Vereinen an. Leo ging nach Treffurt und Dimitri zurück nach Langensalza. Die Trennung währte nicht lange. Nach einem halben Jahr und zwei Sperren ging Leo, in einem Akt geglückter humaner Familienzusammenführung, ebenfalls zurück zu den Preußen.

Diese spielten im vorigen Jahr eine Saison, die sich sehen lassen konnte. Ein paar Mal waren sie Spitzenreiter und am Ende belegten sie den zweiten Platz. Merkwürdigerweise ließen sie alle sechs Punkte den Eisenachern, die deshalb nicht abstiegen.

Das heutige Heimspiel fing ähnlich gut an wie das letzte. Der FCW im Vorwärtsgang, die Preußen am eigenen Sechzehner. Ein Pfostenschuß noch für den FCW, dann wurde aus der Startstichflamme ein gemächlicher Schwelbrand. Langensalza zeigte, warum sie im letzten Jahr soweit oben gestanden hatten. Zwei schnelle und ballgewandte Stürmer und eine kompakte Abwehr, die nahezu fehlerfrei spielte, ließen kein sehenswertes

Match entstehen. Erst in der zweiten Halbzeit führte der FCW. Jetzt mussten die Gäste kommen, und sie würden uns Platz zu Kontern bieten müssen. Und sie kamen, nur Platz gabs keinen. In der 70. und 73. Minute gelang ihnen zum Entsetzen der meisten der 150 Augenzeugen das, was man im sportdeutsch einen Doppelschlag nennt. Das sah nicht sehr gut aus. Die abwehrstarken Preußen eine Viertelstunde vor Ultimo mit 2:1 in Führung! Was nun? Die Fans fordern einen vierten, fünften und sechsten Stürmer. Adolf, unser pensionierter Boxer schreit von der Tribüne: „SOS!!! Sieg oder Sibirien!!" Es kommt zu nichts von alledem. Es gibt nur eine Einwechslung, ansonsten nur Positionswechsel. Trotzdem kommt unser Club zu Chancen, die, wie es eben so ist, wenn ein Waterloo droht, durch fledermausflattrige Nervenenden nicht zu Toren werden. Die ersten Rentner lamentieren und Pfiffe sind zu hören: „ Hier siehste mich erst wieder, wenn hier Fußball gespielt wird!! Hööör ufff ey!!". Drei Minuten vor Ende dann doch noch der Schrei, der, weil er durch orgasmusähnliche Empfindungen ausgelöst wird, so laut, wie sonst kaum eine Gefühlsempfindung nicht so sehr zu Gehör sondern eher zum Ausbruch kommt: „Toooooooor!!!!!!Jaaaaaaa!!!!!!"

Sofort ändert sich das Stimmungsbild. „Wie lang isn noch? Drei Minuten? Das schaff mer noch!!" „Auf geeehts Jungs!! Eff Zeeh
Weh!!! Eff Zeeh Weeh!!!"

Doch nichts wird mehr geschafft. Langensalza lässt keine Fehler mehr zu und der Schiri pfeifft ab. Manch einer klatscht, andere zucken die Schultern und wieder andere schütteln enttäuscht die Köpfe. Punkt gewonnen oder doch verloren? Der Saisonverlauf wird es zeigen. Judy, der eingetragene Vereinspessimist neben mir, rechnet mir schon mal vor: „Zwei Punkte gegen Stedtfeld und heute zwei. Sind schon vier Punkte, die am Ende fehlen könnten!" „Woran denn, Judy?" „Egal!"

Bleibt eigentlich nur noch nachzutragen, dass die Bagrows heute nicht mitgespielt haben. Spielsperre nach Tätlichkeit am ersten Spieltag. Ein Langensalzaer sagt zu mir: „Von mir aus könnt ihr 6 Punkte von uns haben, aber nehmt bloß die Bagrows wieder zurück. Die machen nur Ärger!"

Kapitel 4

Grenzkonflikte

Sie hatten uns Jahrelang nichts getan, die Ex-
grenzgebietler aus dem Werradorf, oder sagen wir
mal, sie haben uns nicht gerade gestört. Doch im letzten Jahr sind sie aufmüpfig geworden. Im September
verlor der FCW 4:0 im Werrastadion, und das Heimspiel auf dem schneebedeckten Hartplatz ging im Feb-
ruar mit 1:2 ebenfalls in die Shorts. Nun stehen nicht
gerade überall Fernsehkameras herum, wenn ein
Punktspiel der Knackwurschtliga ausgetragen wird,
deshalb benehmen sich die Beteiligten viel entspannter, viel ungenierter und viel gelöster als mancher
Kommerzfußballer. Man macht sich nicht die unnötige
Mühe übertrieben sympathisch zu wirken. Der Torwart
Gerstungens trat seinerzeit mindestens zweimal hinter
Eisenacher Spielern nach, wenn der Mann in gelb-
schwarz gerade anderweitig seine Aufmerksamkeit
fokusierte. Und sein Trainer spornte ihn durch eine
Seitenlinienperformance an, die jeden Bundesligaco-
ach neidisch gemacht hätte. Noch nicht einmal nach
dem Spiel war er zu beruhigen, als er seinem Dorfbe-
richterstatter auf den Schmierzettel diktierte, diese
Eisenacher könnten verpflichten, wen sie wollten, sie
würden es trotzdem nie schaffen. Nein, Bescheidenheit
und die gönnerhafte Größe des Gewinners sucht man
oftmals vergeblich in unserer Spielklasse. Und weil
wir von ritterlichen Gesten nur erfahren, wenn irgendwo mal eine Kamera läuft, behaupte ich mal, dass dieses sogenannte Fair-Play in den Premiumligen nur eine
Show für den Fernsehzuschauer ist, die im wirklichen
Leben gar nicht stattfindet. Man setzt die Trainer einfach in eine Pressekonferenz, sagt ihnen, dass sie lieb

zueinander sein sollen, und wenn sie sich benehmen, dass es dann Geld gibt. In der Knackwurschtliga interessieren sich keine Millionen Fernsehkonsumenten für aufgesetzte Höflichkeitsfloskeln von zwei Sportsfeinden, die sich im günstigsten Falle die Pest an den Hals und an tiefergelegene Körperteile wünschen. Und Geld für gekaufte Trainerphrasen ist sowieso nicht da. Ergo findet in der siebenten Bundesliga das wahre Leben statt!

Gerstungen gehört zu den wenigen Gegnern unserer Staffel, die über einen Bahnhof verfügen. Früher haben die Grenzer hier besoffene Fußballfans, die verschlafen haben, in Eisenach auszusteigen, verhaftet und ihnen versuchte Republikflucht nachgesagt. Bloß weil im Nachbardorf Obersuhl die Wildecker Herzbuben wohnen, als Symbol für die hier beginnende Wohlstandsrepublik. Dass diese Grenzgräben tief im Innenleben der Ossis und Wessis immer noch existieren, zeigt sich gerade in diesen Tagen, wo im unweiten Heringen eine Müllverbrennungsanlage gebaut werden soll, und die Gerstunger nun Angst haben, dass ihnen beim Angeln in der Werra fünffäugige Fische und meterlange Blutegel ins Netz gehen. Sie sind sogar nach Heringen gegangen, um vor dem dortigen Rathaus dagegen zu demonstrieren. Dort haben ihnen aber erboste Westler erklärt, dass sie sich von hergelaufenen Ossis überhaupt nichts sagen lassen würden. Schließlich war man in Heringen jahrzehntelang dem verpestenden Ostsmog ausgesetzt. Und überhaupt: Wenn der Zaun noch stehen würde, wären sie gar nicht hier und zu DDR-Zeiten hatten sie schließlich auch die Schnauze zu halten.

Gerstungens Ersterwähnung stammt aus dem Jahre 744. Ich glaube, Karl der Große hat das an einer Werrafurt von Franken gegründete Dorf dem Kloster Fulda geschenkt. Es konnte sich nicht nennenswert weiterentwickeln, weil es zu DDR-Zeiten, wie erwähnt, im Grenzgebiet gelegen hat. Die Führung der Partei der Arbeiterklasse war immer misstrauisch zu ihren ergebenen Untertanen. Deshalb waren sie auch mehr daran interessiert, das Grenzgebiet zu entvölkern getreu dem Motto, je weniger hier wohnen, destso weniger können zu den Wildecker Herzbuben flüchten.

Sonst sind die Gerstunger ein gemütlicher, fast schon phlegmatischer Stamm. Bloß beim Fußball gehen sie aus sich heraus. Und heute kamen die Städter! Wir waren nach der kurzen Anreise von gerade mal 15 Sekundenzeigerumdrehungen an der Werra und nahmen wie üblich die nächstgelegene Kneipe ins Visier. Normalerweise muss man, wenn man zum Sonntag in solch eine Enklave einreitet, erstmal die Bürgersteige herunterklappen, doch nicht hier! Es war Kirmes! Ein Erntedankritual germanisch-keltischen Ursprungs, das die katholische Kirche den bockigen Germanen nie austreiben konnte und das sie deswegen einfach übernommen hat. Gerstungen feiert keine eigene Kirmes, das überlassen sie dem Nachbardorf, das direkt an seiner Dorfgrenze anschließt. Wieso oft erzeugt diese Nähe nicht nur Sympathie. Weite Teile der Gerstunger gehen nicht gerne nach Untersuhl, weil die Leute dort so stolz auf ihre Kirmes sind. Die Untersuhler boykottieren dagegen gerne die Pappnasenevents des Gerstunger Karnevalklubs. Vor der Kneipe, auf dem Parkplatz eines Supermarktes, lieferten sich Wolfgang Petri und Peter Maffay einen Sängerkrieg aus den Lautsprechern fahrbarer CD-Anlagen.

Jeder feiert so wie er will. Die Leute hier dröhnen sich mit Schlageroldies zu, wir gehen eben lieber zur Knackwurschtliga. Gerstungens Sportstätte nimmt für sich in Anspruch, Stadion genannt zu werden. Wer sonst nur die Bundesliga kennt, wird, wenn er den Ground sieht, sicher nur Kopfschütteln für eine solche Anmaßung übrig haben. Doch meine sonst fußballverachtende Freundin klärte mich vor Jahren darüber auf, dass es reicht, einen Wall aufzuschütten, um einen Bolzplatz zum Stadion zu deklarieren. Also keine Tribüne, keine Traversen, sondern ein Geländer und ein paar Bänke genügen für einen solchen Titel.

Bei strahlendem Sonnenschein kamen, wie nicht anders zu erwarten, die Einheimischen geladen aus der Kabine und erspielten sich eine handvoll Chancen. Von den Eisenachern hörte man auf dem Platz gar nichts, außer den ein oder anderen Meckerer. Noch so ein Punkt, der in der Bundesliga nie auftaucht: Dort verstehen sich scheinbar alle immer so blendend, dass sie heiraten könnten!

Mit dem ersten vielversprechenden Angriff in der 44. Minute erzielte unser Rumäne den Führungstreffer. Gott schütze unseren Bala! Er brachte die Gerstunger total von der Rolle. Von denen sah man nämlich in der zweiten Halbzeit nichts mehr. Das 2:0 und das 3:0 durch Thomas Gröger waren kein Zufall, auch nicht, dass der Torjäger der Einheimischen vom Platz flog. Er schien beim WM-Finale nicht zugesehen haben. Unser Torwart dagegen schon, denn der flüsterte dem Angreifer irgendwelche Komplimente ins Ohr, die diesen dazu veranlassten, sich all zu stürmisch zu bedanken. Der Schiedsrichter missverstand die Emotionen des Gerstungers und schickte ihn mit Rot wegen Tätlichkeit dekoriert zum Duschen. Nun kam wieder einmal der Gerstunger Trainer mit einer seiner Rumpelstilzchenvorstellungen zum Zuge. Der Schiedsrichter

schien vom vielen Kartenziehen Muskelkater zu haben, jedenfalls kam der cholerische Übungsleiter um eine

Sperre herum. Meinetwegen, wir haben langsam wieder Spaß an den Auswärtsspielen. Nachdem wir im Vorjahr überall versohlt wurden, gelang nun schon der zweite Auswärtsdreier im zweiten Spiel. Die einheimischen Fans, die statt Kirmes zu feiern hierher gekommen waren, um die Eisenacher verlieren zu sehen, waren sauer. So sauer, dass ein Grüppchen Kids Schmidtchen eine Schelle anboten, bloß weil dieser sie fragte, wie bescheuert ein Spieler sein muss, wenn er unter den Augen des Schiris einen Torwart umstößt. Seine Freundin hielt ihn davon ab, den Dorflümmeln Manieren beizubringen. Ein Auswärtsdreier und schönes Wetter: Eine halbe Stunde später räkelten wir uns satt, und mit uns und der Welt zufrieden, im Biergarten des Brunnenkellers zu Eisenach herum.

Kapitel 5

Der Schirizwerg

Die Erfurter waren dem FCW nur selten ein ebenbürtiger Gegner. Im vergangenen Jahr zum Beispiel, als sie ein 0:0 im Wartburgstadion ermauerten. Oder auch in der Saison davor, als sie mit 2:3 gewannen, weil ein Schiedsrichter das Sagen hatte, der die Regeln nach seinem Gutdünken auslegte.
Er war mit gefühlten 1,55 Metern Körpergröße der kleinste Mensch auf dem Rasen und wirkte wie ein gerade eingeschulter Zuckertütenträger zwischen 22 Leuten im Abi-Alter. Nun sagt man ja kleinen Menschen ein besonderes Geltungsbedürfnis nach, das daraus resultieren soll, dass sie beim Antreten im Schulsportunterricht immer ganz hinten stehen mussten, und weil sie von aller Welt immer jünger eingeschätzt werden, als sie in Wirklichkeit sind. Es ist nun mal nicht

witzig, wenn man im Pubertätsalter, wenn man ohnehin schon einen Krieg gegen die Hormonakne zu führen hat, von den Erwachsenen gefragt wird, ob man denn schon mit Messer und Gabel essen kann. Außerdem ist es deprimierend, wenn man mit Mitte zwanzig seiner Freundin einen Drink spendieren möchte und vom Barkeeper noch nach dem Ausweis gefragt wird, weil der einem nicht glaubt, dass man schon über zwanzig ist. Wie gesagt, der Volksmund sagt kleinen Leuten aus diesen und ähnlichen Gründen einen starken Geltungsdrang nach.

Ich glaube nicht, dass Pauschalisierungen dieser Art dazu geeignet sind, eine Masse zutreffend zu beschreiben. Bei dem Mini-Schiri der damals dieses 2:3 leitete, müssen sich die genannten Kriterien jedoch charakterformend ausgewirkt haben.
Er hat nämlich bei der Leitung dieser Begegnung die wichtigste Grundregel für Schiedsrichter, nach der eine gute Leitung eine unauffällige Leitung ist, schlicht vergessen. Die Folge war ein Bezirksligamatch, das mangels Spielern kurz vor dem Abbruch stand. Vier Eisenacher und ein Erfurter wurden mit gelb-rot bzw. dunkel-rot zum vorzeitigen Duschen abkommandiert. Der Schirizwerg schickte zwei Eisenacher wegen Reklamierens vom Platz und einen sogar, weil er einen Freistoß zu früh ausführte. Der Erfurter weiß vermutlich heute noch nicht, warum er nicht zu Ende spielen durfte. Er hatte den Verdacht, ein Konzessionsopfer der Kartenwut des Schirizwerges geworden zu sein. Man kann sich vorstellen, dass sich viele Eisenacher Sportfreunde bei dem Herren in gelb-schwarz für die regelferne Spielauslegung bedanken wollten. Und das taten sie auch.

Ein aufgebrachter Rentner schlug mit seiner Jacke nach dem verhinderten Regelkundigen, eine Bierflasche segelte knapp an seinem Kopf vorbei und zersplitterte am Türrahmen zum Kabinentrakt. Der Zwerg soll später in den Spielberichtsbogen geschrieben haben, die Flasche an den Kopf bekommen zu haben.

Doch Pech für ihn und Glück für unseren Klub, dass ein
Schiedsrichterbeobachter des Westthüringer Fußballverbandes im Stadion weilte. Der Schiedsrichter hatte vor zwei Wochen schon den Ordnungsdienst des Dörfchens Ifta vor die schwere Aufgabe gestellt, ihn vor den Übergriffen erboster Landsknechte zu schützen. Wie man in der lokalen Presse lesen konnte, hatte er dort in ebenso inflationärer Art mit Karten um sich geworfen wie nun in Eisenach.

Gut zwanzig Leute machten sich auf den Weg vor das Stadion, sie wollten dort den Schiedsrichter zu seinem Auto und dann an die Stadtgrenze geleiten. Doch der kam nicht. Dafür erschien einer der Vorständler und beschwor die Fans, doch vom Rachegedanken Abstand zu nehmen. „Der sitzt kreidebleich in seiner Kabine und zittert am ganzen Wanst. Lasst ihn doch in Ruhe!" Das ginge nicht, meinten die Fans, der Typ habe aus den Vorfällen in Ifta schon nichts gelernt und bräuchte daher nun einen Denkzettel. Eine halbe Stunde später kam die Polizei und brachte den Schiedsrichter zu seinem Wagen.
Es wurde chaotisch und einige der Fans wandelten am Rande einer Festnahme. Der Schiri hatte sich noch nicht einmal umgezogen, wohl aus Vorsicht. Er wollte wohl ausschließen, auf dem Weg zu Dusche Randale-

opfer zu werden. Auf Grund der Lüge des Schiris, der auf dem Spielberichtsbogen behauptete,
geschlagen und eine Flasche an den Kopf bekommen zu haben, kam der FCW um eine Platzsperre herum.
Merkwürdig war allerdings, dass der Skandalreferee nicht suspendiert worden ist. Und noch etwas war merkwürdig: Er leitete ziemlich häufig solche Spiele, wenn Lok Erfurt daran beteiligt war. Daher rechneten nicht wenige Eisenacher damit, der Schiedsrichter mit der unruhigen Hand könnte heute wieder einmal im Wartburgstadion auftauchen.
Ein unbegründeter Verdacht, wie ich nun enthüllen kann:

Wieder ein wunderschöner Spätsommertag im September 2006. Als Spieler kam ich zu einem Kurzeinsatz in der zweiten Mannschaft. Eine Viertelstunde darf ich mitbolzen in der 2. Kreisklasse der 10. Bundesliga. Der Gegner ist Dankmarshausen, ein Dorf an der Werra, vermutlich auch eine fränkische Wachstation, die nach der Zerschlagung des Thüringer Königreiches gegründet wurde.
Als ich eingewechselt werde, liegen die Kameraden 1:2 hinten. Dann fällt auch noch das 3. Tor für die Ex-Grenzgebietler. Wir verkürzen noch einmal und ich habe den Ausgleich auf dem linken Latsch kläglich vergeben, weil ich meinen linken Latsch
nur mit zum Spiel nehme, damit ich nicht umfalle. Die Kameraden auf der Tribüne lästern, was das Zeug hält und „Chancentod" wird mein zweiter Vorname. Dann ist Schluß!
Die Dörfler jubeln und die Städter haben sich in der Wolle. Wieso eigentlich? Absteigen können wir nicht, weil es keine tiefere Klasse gibt! Ich ziehe mich um und nehme meine eigentliche Aufgabe als Fan des

FCW wahr, auf der Tribüne stehen, rumgrölen und ein leckeres Pils schlürfen. Und ich habe zu allem sofort Grund, denn der FC geht nach 6 Minuten mit 1:0 durch Jan Wiegand in Führung und lässt die Erfurter, deren Stärke in der konterstarken Defensive liegt, das Spiel machen. Unsere Erfurter wollen aufsteigen, doch sie tun zu wenig, um hier den Ausgleich zu erzwingen. Mit 1:0 geht es in die Pause.

250 Zuschauer sind für die Knackwurschtliga ein guter Besuch, schließlich sind wir nicht der FC Lok Leipzig. Die zweite Halbzeit ist wieder geprägt von Sicherheitsfußball. Manche Zuschauer murren, doch uns ist das egal. Hauptsache in Führung! Noch zehn Minuten sind zu spielen, als Gröger einen Konter zum 2:0 versenkt. 250-fach: „Jjjjjjjaaaaaaaaaa!!!!!!!" Das ist der Sieg, das *muss* der Sieg sein! Und doch ist es nicht soweit, denn 5 Minuten später kommt Lok zurück, nur noch 1:2. Keiner will mehr schönen Fußball sehen, der Schiri soll endlich abpfeifen! Der Co-Trainer der Gäste legt sich mit dem Linienrichter an und der verpfeift ihn beim Schiri. Rote Karte, na also! Der Co. kommt auf die Tribüne; wir haben ihn lieb und trösten ihn: „Na mal wieder die große Fresse gehabt? Scheiße, wenn Gebürtig nicht pfeift, wa?"

Dann ist wirklich Schluß, der erste Heimsieg perfekt. Keiner wird am Ende fragen, wie er zustande kam (5 Euro für die Phrasensau) und wenn doch, sage ich - nur verdient. Wer so oft unglücklich verliert wie mein Club, der darf auch mal mit Glück gewinnen!

Kapitel 6

Gilligans Erben

Sie haben uns gepeinigt und sie haben uns gedemütigt,
genau wie wir es mit ihnen taten. Ifta hat seine letzten
beiden Heimspiele gegen den FCW gewonnen. Mit 0:4
von ihnen gepeinigt und mit 2:3 gedemütigt. Deshalb
gedemütigt, weil wir letztere Partie schon mit 2:0 geführt hatten.
Wer *ist* Ifta???

Als ich das erste Mal diese 1000-Nasengemeinde besuchte, waren die 80er Jahre gerade zur Hälfte vorbei.
Ich gehörte damals dem DDR-Lebensmittelkonzern
Konsumgenossenschaft an, dessen Rabattmarkensys-
tem sich in heutigen Zeiten großer Kopierfreudigkeit
erfreut. Ich spielte dort in einer Freizeitmannschaft mit,
die sich kühn genug wähnte, eine Herausforderung der
Altherrenriege der BSG Traktor Ifta nicht auszuschla-
gen. So einfach wie manch einer heute glauben mag,
war die Sache aber damals nicht, denn das nächste
Dorf westlich von Ifta heisst Rittmannshausen und war
zu jener Zeit schon in der Hand der imperialen Kapita-
listen. Das bedeutete, dass Ifta in der 500 Meterzone
des Grenzgebietes lag und wir für diese natürlich Pas-
sierscheine benötigten. Die Genossen wollten damals
sicher gehen, dass jeder, der diese ominöse Zone auf-
suchte, sie auch unbeschadet wieder verlassen würde.
Den Klassenfeinden auf der anderen Seite des Zauns
war damals durchaus zuzutrauen, wie neunäugige
Monster aus dem Sumpf aufzutauchen, um friedlie-
bende Angehörige des Arbeiter-und-Bauern-Staates
gegen ihren Willen in ihre reaktionäre,

kapitalistische Hölle zu entführen. So dachten jedenfalls die wachsamen Genossen.
Über mir unbekannte Seilschaften wurden wir alle mit
Zugangsberechtigungen für diese gefährliche Zone
ausgestattet, und konnten nun also in einem Konzern-
B-1000 in das 14 km von Wabu-City entfernt liegende
Grenzdorf reisen. Das erste, was uns auffiel, nach dem
wir am „Roten Kopf" den Schlagbaum passiert hatten,
war die ausufernde Tierliebe der Einheimischen. Auf
den Wiesen standen Unmengen von Bullen, Kühen
sowie Schäfer mit ihren Pulloverschweinen. Und ein
riesiges Freilaufgehege gab es, in dem zahllose Hunde
ausgelassen kläfften. Unser Fahrer klärte mich darüber
auf, dass dieses Freiluftgehege eigentlich ein antifa-
schistischer Schutzwall war und die Hunde darüber
wachten, dass sich arglose Menschen nicht aus Versehen diesem Wall näherten, der ja zu ihrem Schutz
vor den impertinenten Imperialen hier stand. Schließlich würden die Bauern aus dem Dorf nach getaner
harter Feldfron ihre Nachtruhe dringend benötigen und
die würden durch ausgelöste Selbstschussautomaten
oder Tretminen unweigerlich gestört werden. Und wer
sollte dann jenes Getreide einbringen, welches zu Mehl
zermalen, das täglich Brot für die Helden von der Pro-
duktionfront in den sozialistischen Betrieben bedeutete?

Auf dem Sportplatz ein weiteres Indiz für diese merkwürdig übertriebene Tierliebe der Eingeborenen:
Gleich hinter dem einen Tor stand ein Gebäude, aus
dem übler Geruch und fröhliches Grunzen strömte.
Wir rätselten, wieso sie noch nicht mal beim Fußball
auf die Gesellschaft ihrer geliebten Vierbeiner verzichten wollten, als ob sie zur Familie gehören. Sicher lag
es   daran,   dass   sie   aufgrund   dieser   hohen   Si-

cherheitsstandarts der bewaffneten Organe unserer Arbeiter- und Bauernmacht so selten Besuch aus anderen Teilen der DDR oder Europas bekamen.

Unsere Freizeitkleinstadttruppe kam mit dieser ungewohnten Umgebung überhaupt nicht zurecht und verbockte in dem freundschaftlichen Vergleich eine 2:5 Schlappe. Doch was heißt hier eigentlich freundschaftlich?
Die Iftaer wohnten zwar wie auf Gilligans Island, ihre Zuschauer benahmen sich dafür aber wie Fans von Hooligans Homeland.
Möglich, dass sie hier und da etwas eigen waren - siegesmüde waren sie jedenfalls nicht! Ich erinnere mich an eine Szene, in der ich im Laufduell gegen meinen Verteidiger, einem
biertonnigen Enddreißiger, meinen Oberkörper einsetzte, worauf der Eingeborene erst stolperte und dann stürzte. Den ersten Reaktionen von den Rängen nach zu urteilen, war mein Gegenspieler so eine Art Dorfmonarch, denn dort spielte sich nach dessen Sturz eine mittelschwere Revolution ab. „Das is ne Frechheit, was der sich rausnimmt !!", „schmeiß den Kerl raus, Schiri!!" und „Rote Karte!!!", skandierte Volkes überkochende Seele. So langsam offenbarte sich mir die bittere Erkenntniss, dass die Drohgebärden des Pöbels mir galten. Ich bekam eine ungefähre Ahnung davon, wie sich Eisenachs Pfaffen im Bauernkrieg vor reichlichen 400 Jahren fühlen mussten, als die Vorväter der Iftaer vor den Toren der Stadt randaliert haben.

Abends gab es wieder Ärger. Diesesmal aber am Schlagbaum, den wir eigentlich bis um 22.00 Uhr wieder passiert haben sollten. Nun war es aber schon eine Stunde später, was uns ein mürrischer sächselnd-

pöbelnder Grenzer übelnahm. Er wollte uns als Grenz-
verletzer den Sicherheitsorganen übergeben, obwohl
wir doch nichts dafür konnten, dass uns die Wirtin des
Dorfkruges eine Stunde zu spät aus ihrer Kneipe warf.
Letztendlich hatten wir Glück, dass der LO dieses
Grenzpostens, mit dem wir zugeführt werden sollten,
defekt war und der
Vorgesetzte des Sachsen seinen Rausch ausschlafen
wollte, andernfalls hätten wir schwerlich an diesem
Abend die Wartburg wieder gesehen.

In den nächsten 18 Jahren machte ich, wann immer es
möglich war, einen Bogen um Ifta. Das ging seit dem
Herbst 2003 nicht länger, weil der Folgeverein der
BSG Traktor, der SV Eintracht, in die Bezirksliga aufgestiegen war. Hier hatte sich alles verändert. Ifta war
jetzt ebenso wie sein Nachbardorf in der Hand der Imperialen, was die Zäune und den Schlagbaum ebenso
überflüssig gemacht hatten, wie die übertriebene Tierliebe der Iftaer. Die Hunde waren längst eingeschläfert
worden, der Schweinestall am Sportplatz stand leer,
und die Bullen auf der Weide dachten mit ostalgischer
Wehmut an die Zeiten zurück, als sie jeden Tag eine
neue Kuh beglücken durften.
Nur die Iftaer waren dieselben geblieben. Schwanz ist
immer noch der am weitesten verbreitete Name unter
den Einheimischen und sie sind immer noch geil auf
Siege. Die ersten beiden Bezirksligavergleiche verloren sie noch gegen die verhassten Städter. 1:2 daheim
und 0:8 auswärts. Doch schon im nächsten Jahr gewannen sie mit 4:0, was die Einheimischen in einen
Kollektivrausch versetzte, der ihren Lebern mehr als
eine

dreiwöchige Kirmes abverlangte. Der Dorfkrugswirt zählt seitdem zu den wohlhabendsten Männern der Region.

Dieses Dopaminfestival, die bunten Erlebnisse, dieses Endorphinvollbad wollten sie unbedingt wiederholen.

Ein Crackjunkie nimmt sich neben einem siegesgeilen Iftaer aus wie ein Zeuge Jehovas neben einem Satanisten.

Am Ostermontag im Jahre des Herrn 2005 sollte es wieder soweit sein. Die Mannschaft des SV Eintracht nahm extra Urlaub, damit sie jeden Tag der Woche vor dem Spiel trainieren konnten. Gerüchte behaupten sogar, dass sie den sonntäglichen Osterlammbraten verschmäht und sich seit Gründonnerstag nur noch von Sportmüsli ernährt haben sollen.

Die Eisenacher versuchten sich, wie eingangs schon erwähnt, als Spielverderber und gingen mit 2:0 in Führung.

Den Iftaern drohte von ihren Landgenossen die älteste und grausamste Strafe, die man sich ausdenken konnte. Das „Versenken im Opfermoor" ist eine Erfindung der Germanen, damit die Götter durch den Anblick der Schande nicht beleidigt werden. Die grausige Vorstellung machte der Eintracht Beine. Sie drehten das Spiel und feierten den epochalen Triumph eines 3:2 Sieges. Den Rest der Saison waren die Iftaer nicht in der Lage, sich auch nur annähernd so sehr zu motivieren wie gegen den FCW. Sie entgingen nur knapp dem Abstieg.

Genauso schwach hatten sie die neue Saison begonnen. Ihr Vereinsname gereichte bis dato nur dem Tabellenende zur Zierde, während die Eisenacher ungeschlagen den 2. Platz belegten. Wieder fanden sich 300 Zuschauer ein, wo sonst, wenn die übrige Konkurrenz der Liga aufläuft, sich vielleicht 60 - 70 Leute zum Sportplatz mit dem leeren Schweinestall bequemen. Es beweist, dass den Iftaern ihre Ackerkämpfer im Grunde egal sind. Die Schadenfreude ist es, die sie aus ihren Häusern treibt. Sie freuen sich nicht über die Punkte der Eintracht, sondern über die Punktverluste der Eisenacher. An diesem Samstag gab es jedoch weit und breit keinen Sieger. Das 1:1 bedeutete kein geteiltes Leid, weil die Eisenacher als Tabellenvize im Kellerverlies der Liga natürlich gewinnen und die Einheimischen eine weitere Demütigung des FCW feiern wollten.

Und auch der Iftaer Wirt würde heute keinen neuen Umsatzrekord feiern.

Kapitel 7

Die Wurzeln der Knackwurschtliga

Die wenigsten Fußballfans setzen sich ernsthaft mit der Frage auseinander, warum es sie Wochenende für Wochenende zum Bolzplatz zieht. Fragt man sie doch einmal danach, könnten die Antworten nicht unterschiedlicher ausfallen. Sie reichen von „mein Vater ist schon hierher gegangen" über „weil ich keine Familie habe" bis „weil ich Familie habe". Man hört auch so triviale Begründungen, wie „is mein Hobby" oder „nur zu Hause sitzen und dem Wellensittich die Federn ausreissen, wird auf Dauer zu langweilig". Einige schürfen bei der Erklärungssuche auch schon mal tiefer: „Einen Ausgleich für die Arbeit braucht der Mensch!"

Diese Sehnsucht, nach einem Entspannungsprogramm für den Stress, den der Kampf um die Existenz mit sich bringt, ist dem Menschen seit der frühesten Antike eigen. Schon der berühmte römische Kaiser Julius Cäsar erkannte, dass er sein Volk nur bei Laune halten kann, wenn er diesem Grundbedürfnis nachgibt und baute mit dem Circus Maximus und dem Colloseum die ersten Multifunktionsarenen der Menschheitsgeschichte. Hier jubelten fortan die Römer den Gladiatoren zu. Sie waren die Vorfahren der Del Pierros und Matarazzies von heute. Sie stiegen für die Bosse der Gladiatorenschulen in den Ring, den Vorfahren der heutigen Vereinspräsidenten von Lazio und AS Rom und verdienten Millionen. Grabungen unter den einstigen Traversen des Colloseum haben zu Tage gefördert, dass sich der Bürger der ewigen Stadt damals nur wenig anders benommen hat als der Fußballfan von heute. Anstelle von Popcorn, Pommes und Brezeln knabberten

die Antiktifosi Erdnüsse und Kichererbsen, und die Caterer verdienten kräftig an verdünntem Met und Wein. Für die Reichen gab es VIP-Logen und für das Prekariat billige Stehplätze. Für das Unterbinden von handfesten Meinungsverschiedenheiten der Fans war ein Ordnungsdienst verantwortlich, der die Knüppelgewalt besaß. Ansonsten verstieß damals wie heute das Tragen von Waffen im Ground gegen die Stadionordnung. Wer gegen diese Ordnung verstieß, landete im Arrest, ganz unten, gleich zwischen Löwenkäfig und Besenkammer.

Weitere archäologische Ausgrabungen auf dem Gebiet des römischen Imperiums förderten aber auch zahlreiche kleinere Amphit-Arenen zutage, woraus wir schließen können, dass auch die alten Römer eine Knackwurschtliga hatten.

Schon damals mussten die Menschen hart arbeiten, um der herrschenden Klasse mit Steuern und Abgaben ein Leben in Saus und Braus zu ermöglichen. Und schon damals betäubte sich das Prekariat mit billigem Fusel, um die Unterklassendiskriminierung zu ertragen. So wie heute der Volksmund behauptet, dass sieben Bier eine Mahlzeit sind, so betrachtete mancher in der Antike Wein als Brot. Wenn also Julius in Rom dem Volk Brot und Spiele verkündete, meinte er nichts anderes als Bier und Fußball! Wie wir sehen, sind die

Gründe, die uns Fußballfreunde in die Stadien ziehen, seit Christi Geburt dieselben. Und so folgen wir besten zivilisatorischen Traditionen, wenn wir uns vor dem Knackwurschtligamatch gegen Eintracht Kirchheim in unserer Kneipe treffen, denn, so steht es seit Julius Cäsar geschrieben, vor allem Fußball kommt das Bier.

Die Kirchheimer sind Staffelwechsler, die unsere Knackwurschtstaffel ziemlich aufmischen, weil sie so unberechenbar sind. Überraschenden Siegen gegen Staffelcracks (Langensalza, Walschleben) folgten Klatschen gegen die Überlebenskämpfer unserer Liga (Witterda, Mechterstedt). Im Wabu-Stadion stellten sie sich als der erwartet unbequeme Gegner vor. Knapp mit 1:0 gewinnt unser Kultklub - ein Arbeitssieg. 3 Punkte, die uns niemand streitig machen wird. Es war eins jener Spiele, die dazu geeignet sind, Neuinteressenten unseres Kirmesfußballs vom Wiederkommen abzuhalten. Dem FCW fehlte nach dem Führungstreffer die Herausforderung und dem Gast jeder Biss, den die Kreisrivalen aus Gerstungen, Ifta, oder Behringen mitbringen. Daher ging niemand der 22 Spieler das Risiko ein, sich eine gelbe Karte einzufangen. Der Schiri war erträglich, um nicht sogar zu sagen sehr gut. Und alle diese

Faktoren zusammen kann man ohne weiteres als Menü für einen Bezirksligalangweiler bezeichnen. In den Kommerzligen würde ein solches Gestochere Proteststürme auf den Rängen auslösen und bei Cäsar würde das Volk den Tod aller Gladiatoren fordern.

Nicht aber in der Knackwurschtliga. Solange der Club führt, ist den Eisenacher Fans egal, welche Qualität das Spiel hat. Man gönnt sich ein oder mehrere Bierchen und tratscht über die Ereignisse der vergangenen Woche. Es geht zu wie bei Ralf Morgenstern's Kaffeekränzchen, nur das niemand Kaffee trinkt.

Kapitel 8

Auf dem Olymp

Witterda ist eine Ortschaft nordöstlich von Erfurt, die im Gegensatz zu den meisten Dörfern im Kernland des einstigen antiken Thüringer Königreiches nicht mit der Bezeichnung „leben" endet. Und in dieser Ecke Thüringens sammelt sich geradezu das „Leben". Merxleben, Herbsleben, Walschleben, Andisleben, Gispersleben, Bischleben, Elxleben, Büßleben. Der Name Witterda, will da so gar nicht recht hereinpassen. Deshalb fühlen sich die Witterdaer sicher wie die graue Gans unter Schwänen, wie ein Geier unter Adlern oder wie ein Esel unter Rennpferden. Vielleicht auch wie die ungewollte Tochter unter lauter Wunschjungen. Wie man weiß, entwickeln ungewollte Außenseiterkinder nicht selten ein Übermaß an ehrgeizigem Streberdrang. In Witterda beschleicht einen dieses Gefühl, schon wenn man den Sportplatz betritt. Die Einheimischen begreifen den Fußball nicht als einen sportlichen Vergleich, sondern eher als eine Art Schlacht mit anderen Mitteln. Vor vier Jahren war ich das erste Mal auf ihrem von landwirtschaftlichen Nutzflächen eingefriedeten Bolzplatz. Er liegt auf einer Anhöhe außerhalb des Dorfes wie die Akropolis vor Athen, weshalb ihn die Ansässigen als Olymp bezeichnen. Damals gewann der FCW in einer Art Fußballringkampf gerade so mit

2:1. Schon damals wirkten die Witterdaer Spieler gegen die Eisenacher wie Henkersbeil neben Chirugenskalpell. Wabu-City bezahlte den Auswärtssieg mit mindestens zwei Verletzten.

Die Vereinsgaststätte erzählt an ihren Wänden mit Fotographien, vom größten Triumph der Vereinsgeschichte, dem Gewinn der Erfurter Kreismeisterschaft und dem damit einhergehenden Aufstieg in die Bezirksliga. Die Witterdaer Spieler stehen mit Bierbembeln bewaffnet auf einem Hänger, den ein Traktor mit Rädern, so groß, dass sie zu einem Monstertruck passen würden, durch das Dorf zieht. Ihr Gastspiel in unserer Knackwurschtliga dauerte nur eine Saison, weil sie gleich wieder abstiegen. Beim zweiten Anlauf machten sie es besser. Ich war gezwungen mit anzusehen, wie sie meinen Club mit 2:1 unterpflügten. Damals kam ich mit Hans, einem Großgrundbauern, ins Gespräch. Er trug einen ausgefransten Arbeitsanzug in Blau und einen

farblosen Cordhut, seine Füße steckten in Filzstiefeln, obwohl wir August hatten und es angenehm warm war. Hans erzählte mir vom Wunder von Witterda. Sie hatten die Saison schon unter „Vermasselt" abgeheftet und belegten vor dem letzten Spieltag den dritten Platz. Doch ausgerechnet am letzten Spieltag vergeigte die Konkurrenz ihre Heimspiele. Die Witterdaer erfuhren erst am späten Abend davon, als unverhofft ein Vertreter des Kreisfußballverbandes in ihrer Vereinskneipe stand und den verdutzten Einheimischen zur Kreismeisterschaft gratulieren wollte. In dieser Saison hielt der SV die Klasse, und der FCW durfte einmal mehr auf dem Olymp gastieren.

In der Wohngebietsstammkneipe wiederholte sich zum ungezählten Mal jener beliebte Ritus, der die meisten unserer Automobilauswärtsfahrten einläutet. „Wer fährtn alles? Du, Germane?" „Nee, meine Frau hat heut das Auto." „Kannst meins ham." „Nöö, mit fremdn Autos fahr ich nich. Und überhaupt, was is eigentlich mit dir, wieso fährst du nich?" „Hab noch Rest von gestern." „Bambi, was isn mit dir?" „Hab keinen Führerschein". Hektische Handyfuchtelei zeugt davon, dass alles unternommen wird, um alle Fans nach Witterda zu transportieren. Angesichts der Fahrunlust weiter Teile des FCW-Anhanges, kann man ruhigen Gewissens von einem Wunder sprechen, ob der Tatsache, dass bisher noch kein reisewilliger FCW-Fan daheim geblieben ist. Als wir ankommen, läuft das Spiel schon. Der Witterdaer Anhang ist so drauf wie immer: Hoch motiviert, aber mit desaströsen regelkundlichen Defiziten. Nach einer Kopfballrückabe des Eisenacher Liberos auf seinen Keeper, kennt die Entrüstung der Eingeborenen keine Grenzen: „Monn Schirieee!!! Moch die Glotzn uff!!!! Dos woarn Rickposs!!!! Dos isn Älfmäder!!!"

Und als der Eisenacher Torwart Kay Sobieray an der Torauslinie nach der Attacke eines Witterdaer Stürmers behandelt werden muss, fordern sie allen Ernstes, dass die Wartburgstädter dies draußen tun sollten, damit das Spiel weiter gehen kann.

Der FCW tat den Witterdaern zu deren Überraschung nicht den Gefallen, auf Teufel komm raus zu stürmen. Der sollte gefälligst bleiben, wo er war.

Es dauerte eine Weile, bis der SV begriffen hatte, dass die Eisenacher ebenso defensiv eingestellt waren wie sie selbst. Die Folge war ein Spiel, das den Unterhaltungswert einer Windstille auf hoher See besaß. Der FCW wartete, ohne im Hurrastil die Verteidigung zu entblößen, geduldig auf Gelegenheiten. Eine davon reichte zur Pausenführung. Der Witterdaer Anhang fing Mitte der zweiten Halbzeit an, sein Team bedingungslos zu supporten, was hierzulande soviel bedeutet, den Gast verbal gnadenlos zu verfolgen. „Scheiß Aisänocher! Ihor Wartborschäsel! Arrogonde Städtor!" 10 Minuten vor dem Ende verabschiedete Thomas Gröger mit dem 2:0 die Witterdaer Zuschauer, die es keine Minute länger auf ihrem Olymp hielt. Sie riefen ihren eigenen Spielern wegen der Niederlage noch einige Beleidigungen zu, dann suchten sie Trost bei kühlen Getränken im Dorfkrug. Geteiltes Leid ist halbes Leid.

Kapitel 9

Kirmes kontra Kick

In Fernbreitenbach ist Kirmes, der Jahresgipfel des kulturell- gesellschaftlichen Lebens jener Gemeinde, die etwa auf halber Strecke zwischen Eisenach und Gerstungen liegt und die in der DDR-Epoche gerade noch zum Grenzgebiet zählte.
Ich habe herausgefunden, dass die Menschen Deutschlands regionalbedingt überall etwas anderes unter Kirmes verstehen. In NRW etwa sagen sie zu jeder Gartenfete, bei der ein Kettenkarussell, eine Hüpfburg und eine Würstchenbude herumstehen, Kirmes. In Baden-Würtemberg meint Kirmes ungefähr dasselbe wie in Thüringen, heisst aber dort Kirchweih. In Thüringen wird die Kirmes als eine Art vorgezogener Fasching verstanden. Schon morgens ziehen Blaskapellen durch das Dorf, und Nachbarn stehen beieinander, um ihre Lebern mit einem ersten Schnaps zu überrumpeln. Alle haben gute Laune und alle lachen den ganzen Tag. Wohl deswegen, weil der erste Schnaps am Morgen noch lange nicht der letzte ist, aber auch weil viele in seltsamen Outfits stecken.

Einer kommt in Bademantel, Gummistiefeln und Weihnachtsmannmütze daher, ein anderer hat auf dem Dachboden Omas Liebestöter aus den Vierzigern entdeckt und ein Dritter steckt in einem Pünktchenkleid und trägt dazu eine Pipi Langstrumpf-Perücke.

Die 30 minütige Anreise nach Fernbreitenbach führte uns durch die Ortschaft Marksuhl, dem kurzeitigen Residenzsitz von Herzog Ernst-Johann, der als miserabelster Machthaber Eisenachs in die Geschichtsbücher der Stadt einging, weil er ein Falschmünzer und Feigling war, der seine Stadt im Dreißigjährigen Krieg mehr als einmal im Stich ließ.

Am Ortseingang befestigten einheimische Jugendliche ein Schild an einer Strohballenfigur, dass auf jenes Wochenende hinwies, an dem die Marksuhler der Welt beweisen würden, dass ihre Kirmes die einzig wahre ist. Natürlich sind sie selbst davon überzeugt, so wie auch die anderen Kirmesgesellschaften davon überzeugt sind, jeweils ihrerseits die echte, die ultimative Kirmes auszurichten. Doch sie geben sehr darauf Acht, dass sich die Termine nicht mit denen der unmittelbaren Nachbarschaftsevents überschneiden. Daher kommt Otto Normalkirmesverbraucher in diesen Breiten faktisch nur aus dem Feiern heraus, wenn er einen Arbeitsplatz hat, an den er sich flüchten kann.

An solchen Tagen weiß man als FCW-Fan nicht was einen erwartet. Genau genommen gibt es nur zwei Möglichkeiten: Entweder die Fernbreitenbacher Spieler haben sich am Freitag zum Kirmesauftakt derart den Allerwertesten mit Hochprozentern zugegossen, dass sie zum Samstag nicht geradeaus laufen können, ohne auf den Rasen zu kotzen, oder aber sie wollen als Kirmeshöhepunkt den FCW erlegen, um Abends auf dem Saal alle Getränke gratis zu bekommen. Die TLZ-Kreissportredaktion orakelt in ihrer Samstagsausgabe verschwörerisch: „Erster Sieg zur Kirmes?" Damit kann schwerlich der ungeschlagene FC gemeint sein. Immerhin hat der aber seit Freitag einen neuen Übungsleiter. Otto Wiegand soll nun den Club zum Aufstieg coachen. Sicher behauptet der Volksmund gerne, dass neue Besen gut kehren sollen. Und Otto bringt aus Mechterstädt den Ruf mit, ein wilder Feger zu sein. Doch nach nur einem Tag kann man kaum erwarten, dass er überhaupt die Besenkammer kennt. Mit der Aussage, dass für Eisenach nur der Aufstieg zählen kann, machte Otto sich sofort eine Menge Freunde im Umfeld. Ich höre das auch gerne und das schon seit 8 Jahren, nur die Gegnerschaft meines Vereins hält sich fast nie daran.

Auf Grund der Kirmes waren uns durch die genannte Zeitung zahlreiche Fernbreitenbacher Fans angedroht worden und auf Grund der Kirmes waren es doch nur etwa 90 Zuschauer geworden, von denen zudem die Hälfte ihren Wohnsitz in Wartburgnähe hatte. Der Sportplatzansager an seinem antik-klobigen Kessel-Buntes-Mikrofon war hin und weg vor lauter Kirmeseuphorie. Außerdem veriet seine Zunge erste Lähmungserscheinungen: „Lllibbe Suschauer! Hässl..., äh... hersslich Willkommmn sum Schbiel swischn Ei...eisnach unn Fernbrintnbach!"

Der FCW begann unbeeindruckt vom Theaterdonner im FCW-Vorstand und spielte die Kirmesgeber gegen die imaginäre Wand, die ihr Sechzehnerraum war. Eine, zwei, drei - ganze vier supersichere Chancen ließ der Club in der ersten Halbzeit ungenutzt. Die Eisenacher Fans begannen schon zu murren aus Angst vor einer ungeschriebenen Fußballregel, die besagt: „Wer seine Chancen nicht nutzt, wird am Ende bestraft". Jetzt in der Halbzeitpause kam eine Gruppe von Zuschauern ins Stadion, die offensichtlich den Eintritt sparen wollte. Sie waren nicht allgtäglich gekleidet. Die Frauen trugen Trachtenkleider und die Männer Anzüge mit altmodischen Hüten, an denen getrocknetes Obst und Gemüse hing. Die Stimme des zuletzt etwas still gewordenen Moderators überschlug sich, als hätte er gerade einen neuen Messias entdeckt: „Meinnne Damn un Härrn. Begrünen.. äh... ich meine... Gegrüßn se mit mir die Kirmes gesellschaft Breitba....äh... Fernbreisenach!" Die Kirmesgesellschaft loste die nächste Runde des Bezirkspokals aus und supportete in der zweiten Halbzeit mit unerträglicher Blasmusik die Gastgeber. Wenn die Eisenacher das Spiel verlieren würden, dann wegen dieser unlauteren und gegen die Genfer Konvention verstoßenden Strategie! Doch soweit kam es nicht. Zum einen, weil Eisenach auch in der zweiten Halbzeit dominant blieb und den Einheimischen keine Chancen gestattete, zum anderen, weil der FCW durch einen abgefälschten Ortlepp-Freistoß mit 0:1 in Führung ging.

Schon 5 Minuten nach dem Treffer meldete sich der Propagandist mit dem Kessel-Buntes-Mikro frustriert zurück: „Leider gehn die Gäste vom Fse...,vom FC Wart...., also die Eisnacher mit ...äh....in Fürrung. Dorschüsse ist die Nummer...äh...Nomam Orsleff." Heiko Reinhard ein Spieler, der schon so lange in Eisenach spielt, dass er eine Inventarnummer unter der Achselhöhle tragen könnte, wird beauftragt, sich warm zu laufen, ebenso wie der ehemalige Spielertrainer Alen Azaric. Nach etwa 10 Minuten wechselt der Eisenacher Neucoach den Serben ein und will Reinhard wieder auf die Bank verbannen. Doch der platzte fast vor Wut, stapfte in die Kabine, packte seine

Sachen und fuhr nach Hause. Noch einer war nicht erfreut über Azarics Einwechslung: Der Stadionsprecher. Er versuchte zwar,
die Einwechslung fehlerfrei zu kommentieren, war aber auch damit überfordert: „ Die Gäste vom FCW ham gwechslt für.. äh... Richnow schbield jetzt der Schbiler mid der Nummer 14 Aza...,Azi...,Ara..., also die Nummer 14!"
Die Fernbreitenbacher hatten nicht mehr die Kraft, dem Spiel noch eine Wende zu geben, so dass dem FCW ein unerwartet leichter Auswärtssieg gelang.

Thüringer Allgemeine, vom 18.10.06:
Seit 52 Jahren wird in Fernbreitenbach Kirmes gefeiert. Ebenso viele Fahnenbänder schmücken die Standarte. Jedes Band ist mit dem Schlager des jeweiligen Kirmesjahres versehen. Der diesjährige Kirmeshit hieß: „Seemann lass das Träumen". Damit wird die Standarte stets ein Stückchen schwerer, so dass für Fahnenträger Sascha Dietzel das Schwenken eine Kraftprobe war. Lautstark feuerte die Kirmesgesellschaft nach dem Umspiel durch den Ort die Suhltal-Kicker der 1.Bezirksliga an. Die hatten Heimspiel gegen den FC Wartburgstadt Eisenach.Leider verloren sie 0:1...

Kapitel 10

Reisefieber

Mit Helmut bin ich in unserer Wohngebietskaschemme verabredet. Helmut ist ein Freiberufler. Frei von jeglicher Berufung schreibt er für ein Thüringer Anzeigenblatt von Autohausweihnachtsfeiern, Strickzirkeljubiläen und Angelclubjahreshauptversammlungen. Wozu wir uns hingegen beide berufen fühlen, ist der Erhalt einer der wertvollsten Sitten unseres Landes - der Thüringer Gastlichkeit.

Um selbige schützen zu können, gilt es, Stätten der Begegnung, Stätten der Gastlichkeit, Stätten der gemeinsamen Freude zu pflegen und zu bewahren. Gaststätten also.

Den Wirt unserer Getthokneipe findet niemand aus meinem Bekanntenkreis auch nur annähernd symphatisch. Und das der Wohngebietsklotz vom Schließteufel bedroht wird, könnte uns egal sein, wenn die netten Bedienungen nicht demnächst Gäste des Arbeitsamtes werden müssten.

Der Wirt hat weder den Beruf des Kochs noch den des Kellners erlernt. Viele der Stammgäste behaupten gar, dass er von Beruf Sohn ist und ihm statt eines Schnullers ein Scheckbuch in die Wiege gelegt wurde. Ihm würde die Schließung nur minimal wehtun, weil er mehrere Standbeine hat. Sein mittleres benutzt er am häufigsten. Das beweisen die vielen Unterhaltsüberweisungen, wenn der Monat endet. So jedenfalls redet Micha, einer der Stammgäste, der uns am Tresen gegenübersitzt.

Dass er das tut, uns gegenübersitzen meine ich, hätte ich vor 20 Jahren noch nicht geglaubt. Nicht weil er nicht gerne sitzt, im Gegenteil - er hat sogar schon sehr oft gesessen. Nein, die Rede ist von seiner unerklärlich ausufernden Reisefreudigkeit, die schon an Reisewut grenzte, zu einem Fernwehleiden geworden war. Ihm war zu Ohren gekommen, dass im freien Teil Deutschlands die Prüderie besiegt war und allerorten die freie Liebe gepredigt wurde, in Peepshows, Stripbars und Bordellen. Da es in der DDR solche Oasen der Freizügigkeit nicht gab, und Michaels Testosteron pubertätsbedingt immer mehr Macht über sein Genetal gewann, beschloß er auszuwandern. Denn für einen Mann, dessen Körperhöhe nur 1,65 beträgt, und der kein Westgeld besaß, war es sogar in Eisenach der späten 80er schwierig, eine feste Freundin zu gewinnen.

Micha hatte im Staatsbürgekundeunterricht von den großzügigen Transitregelungen der DDR zugunsten des Verkehrs zwischen der BRD und Westberlin erfahren und darüber nachgedacht, wie er diese zum Kurieren seines Reisefiebers nutzen könne. Eines Abends warfen er und sein Kumpel ihre FDJ-Hemden über und gingen zur Autobahn. Sie wollten eine Westkarre anhalten, um mit ihr in den Westen zu verduften. Nur 15 Kilometer bis nach Herleshausen, wo die Welt der Sexshops begann? Das konnte doch nicht so schwer sein!

Nach 2 Stunden und mehreren erfolglosen Versuchen hielt endlich ein Citroen, dessen Fahrer zwar sächselte, beide aber bereitwillig mitnahm.
Der Fahrer war neugierig: „Wö sollsn hingähn?" Micha antwortete:
„Nach Bebra" Der Fahrer nickte verständnisvoll und erkundigte sich weiter: „Na unn? Wos wollder da?"
Micha antwortete, wie er es sich vorgenommen und einstudiert hatte: „FDJ-Auftrag! Land und Leute kennenlernen!" Mittlerweile hatten sie die Grenzübergangsstelle Wartha erreicht und der sächselnde Fahrer übergab die beiden FDJler seinen Staatssicherheitskollegen.
Im Zuge einer DDR- Amnesty kamen die beiden wenig später wieder frei.

Sofort fuhren sie nach Ungarn, weil sie im Knast davon erfahren hatten, dass die grüne Grenze in Ungarn am besten dazu geeignet sei, den Segnungen der fortschrittlichen DDR zu entkommen und die BRD mit all ihren reaktionären Relikten, wie Prostitution und Pornographie im Sturm zu nehmen. Unweit der Grenze wollten sie ein letztes Mal im Schutze sozialistischer Geborgenheit ausschlafen, bevor der harte kapitalistische Alltag mit seinen Peep-Shows, Strip-Bars und Bordells die beiden forderte.

Wie schade, dass ihre Interessen mit denen des ungarischen Maisfeldbauern, dem das Feld gehörte, kollidierten. Dieser komplimentierte Micha und seinen Kumpel mit vorgehaltener, abgesägter Schrottflinte zur nächsten Polizeiwache, wo die beiden Touristen wenige Tage später von zwei Staatssicherheitsgenossen abgeholt und wieder zurück nach Berlin-Rummelsburg geleitet wurden.

Es war Michas erste Flugreise. Sie wurden verpackt wie Hannibal Lector im „Schweigen der Lämmer". Einer der Geheimdienstbüttel erlaubte sich einen Scherz mit Micha: „Wenn du kotzen musst, die Tüten stecken in der Rückenlehne vor dir." Micha musste nicht kotzen, im Gegenteil, trotz des Propellerlärms der Illiuschin 18 schlief er ein und erwachte erst wieder beim Landeanflug nach Berlin, wo der Flugkapitän mit Scherzen an der Reihe war, er bat nämlich *alle* Fluggäste, das Rauchen einzustellen und sich anzuschnallen.

Die Hoffnung der Reisewilligen, dass der Kapitän besoffen sei und deswegen vielleicht Tegel oder Tempelhof mit Schönefeld verwechseln würde, entpuppte sich als Wunschseifenblase, die zerplatzte, als sie das hämische Grinsen der Ostberliner Vollzugsbeamten am Schönefelder Arrival empfing.

Sie kamen erst nach dem Mauerfall wieder frei, und weil nun der Reiz des Verbotenen weg war, hatte Micha keine Lust mehr, aus Eisenach wegzuziehen. Nur zu gelegentlichen Besuchen zog es ihn an den Wochenenden in die Frankfurter Kaiserstraße. Diese Besuche sah Micha als Missionen der Liebe - der Nächstenliebe. Diese Frauen hatten ein gutes Leben verdient, denn sie machten viele Männer glücklich, wo andere nur einen unglücklich machten. Sie hatten sichere Arbeitsplätze verdient, dafür wollte Micha nun kämpfen!

Mittlerweile hatten sich Schmidtchen, Tino und die Lust auf Fußball zu uns gesellt. Der Walschlebener SV ist ein alter Wegbegleiter des Eisenacher Fußballs. Schon zu DDR-Zeiten kreuzte man die Schienbeinschoner in mancher Rasenschlacht.
Vor drei Jahren gewannen sie die Staffelmeisterschaft, natürlich vor dem FCW, um im letzten Jahr wieder abzusteigen. Irgendein Hauptsponsor hat den Hahn zugedreht, worauf sie ihre Leistungsträger ziehen lassen mußten. Alles halb so wild. Andere Vereine sind aus denselben Gründen schon aufgelöst worden. In der Bezirksliga gibt es keinen Schalke-04-Bonus. Wer hier seine Schulden nicht zahlen kann, springt über die Klinge.
Wir rechneten trotzdem mit einem umkämpften Spiel. Und richtig: Der SV Empor ging früh in Führung. Der FCW zeigte sich jedoch unbeeindruckt. Noch vor der Pause wurde der Rückstand in eine Führung umgefärbt, und nach dem Wechsel sorgten zwei weitere Eisenacher Tore für einen schönen Nachmittag im Wartburgstadion und einen feucht-fröhlichen Samstagabend unter Fans und Spieler

Kapitel 11

Sektion Wandersport

Es waren einmal 2 Dörfer. Wutha und Farnroda. Die lebten fast einträchtig nebeneinander. Wutha im Tal der Hörsel an den gleichnamigen Bergen und Farnroda auf dem Weg ins bergige Ruhla. Eines Tages befanden die Genossen der SED, dass beide Dörfer doch auch gut Eines bilden könnten und fassten den Entschluss, beide Gemeinden durch eine riesige Plattenbausiedlung miteinander zu verbinden. Es war die Geburtsstunde eines innerostdeutschen Multikultivolkskonglomerats der Großgemeinde Wutha/Farnroda! In Wutha/ Farnroda wurden die eigenbrödlerischen Bergbewohner und die fleißigen Arbeiter des VEB Landmaschinenbau Petkus zu Nachbarn, und Tür an Tür mit ihnen lebten fortan Tausende wohnungsbedürftige Eisenacher, die in dem Neubaugebiet am Mölmen in der technischen Grundlagennormbauweise der DDR ihr neues zu Hause fanden. Aus der Fußballmannschaft BSG Petkus Wutha wurde fortan die BSG Petkus Wutha/ Farnroda. Lange fristete sie ein bedeutungsloses Dasein, bis sie aus den Schatten der Kreisligadunkelheit heraustraten und die grell erleuchtete Bezirksligabühne betraten. Das war irgendwann in der zweiten Hälfte der neunziger Jahre. Wir freuten uns damals wahnsinnig auf unser erstes Auswärtsspiel des FCW, zu dem wir mit dem Zug anreisen würden! Egal, ob die Fahrt nur 4 Minuten dauern würde - Zugfahren ist das größte für den männlichen Vertreter der Gattung Mensch. Nicht umsonst spielen viele Jungs so gerne mit der Modelleisenbahn und nicht umsonst wollen sie, wenn sie groß sind, am liebsten Lokführer werden. Im Neubaugebiet gab es alles, was ein Neubaugebiet so haben muss. Also eine Disco, eine Schule, einen Kindergarten, eine Kaufhalle und das Wichtigste, eine Wohngebietsgaststätte. Die war zu DDR-Zeiten der Ersatz für die heutigen Reisebüros, denn dort konnte man ganz prima dem Alltag entfliehen. Auch nach der Wende erfüllte die Kneipe noch diesen Zweck. Wir wollten dem Alltag nicht entfliehen, wir wollten ihn uns bestenfalls ein wenig schön saufen, und für dieses Unterfangen war die Kneipe ebenfalls geeignet. In Sichtweite lag die Kaufhalle. Früher HO, heute REWE. Sie liegt zu Füßen einer abschüssigen Straße, die an der Rückwand einen 90° Bogen macht. Orgel, ein Bekannter von mir, spielsüchtig und so exzentrisch, dass nicht mal seine Eltern ihn mit in den Westen nehmen wollten, als in den 80ern ihr Ausreiseantrag bewilligt wurde, feierte in jenem wilden Jahr zwischen November 89 und Oktober 90, als die DDR zu einem herrschaftslosen Beitrittsgebiet zur BRD, in der Warteschleife zur Wiedervereinigung verkam, mit seinen neu getauschten Westnuggets in der Wuthaer Disco und ließ die Wohngebietspuppen tanzen. Die Preise für die einst begehrten Ostblock-PKW waren dem freien Fall anheim gefallen, denn alle hatten nur noch Opel-, VW-, Audi- und Mercedeszeichen in den Augäpfeln. Orgel war mit einem Packen Scheine unterwegs und fühlte sich stark. Er hatte keine Lust heimzulatschen, wohl weil er vom vielen Trinken runde Füße bekommen hatte. Also versuchte er, einer flüchtigen Tresenbekanntschaft ihren Skoda S 100 abzukaufen. Der Bekannte forderte 150 Märker, doch Orgel machte ihm klar, dass dieser Skoda nicht umsonst die Typenbezeichnung S100 trug. Und so wurde er für 100 Mark stolzer Besitzer eines tschechoslowakischen Automobils mit Heckantrieb. Orgel hatte nicht viel Freude mit seiner Neuerwerbung. Entweder kam er mit dem Heckantrieb nicht zurecht, oder er schätzte die scharfe Kurve falsch ein. Vielleicht waren es auch beide Faktoren, verbunden mit schätzungsweise 3 Promille, die ihn das Lenken seines Skodas vergessen ließen. Auf jeden Fall schossen Orgel und seine 3 Mitfahrer über die Böschung zur Kaufhalle hinaus. Das Auto blieb an der Rückwand des künftigen Konsumtempels dachlings liegen. Die Vier waren ein Paradebeweis für die Behauptung, dass kleine Kinder und Betrunkene mehr als alle anderen das Glück für sich gepachtet haben, denn keiner der Insassen war verletzt. Das Auto lag noch ein Vierteljahr dort, bevor der Neueigner der Kaufhalle, die REWE GmbH, das Skodawrack entsorgen ließ.

Wie das damalige Spiel des FCW in Farnroda ausging, weiß ich nicht mehr, wohl aber, dass es Ärger gab. Erst mit den Einheimischen und dann mit den Sportplatzordnern, die ein paar der FCW-Fans der Sportstätte verweisen wollten, was diese aber nur gegen Rückerstattung der 3 Mark Eintritt zu tun bereit waren. Ein paar nachhaltig wirksame, drastisch-rabiate Argumente überzeugten schließlich den Ordnungsdienst davon, dass ihr Verein diese Gelder doch ganz gut gebrauchen konnte. Man erzählt sich noch heute von zerbrochenen Ordnerschirmen, zerknitterten Nasen und offenen Lippen.
Das alles war heute nicht mehr wichtig. Denn zwei völlig andere Mannschaften würden sich heute miteinander messen.
Und der Spielort war nicht Wutha sondern der Waldsportplatz von Mosbach. Grund für den FCW-Anhang seiner zweitliebsten Auswärtsspielanreiseart zu frönen, einer in den oberen Ligen völlig unbekannten Fortbewegungsart - der Wanderung. Traditionelle

Himmelfahrts- bzw. Vatertagsgänger wissen vielleicht wie so etwas läuft. Man trifft sich in einem Ausflugslokal, hat aus Platzgründen alles Essbare zugunsten von Bier aus dem Rucksack verbannt, trinkt in dem Lokal ein, zwei halbe Liter und macht sich frohen Sinnes auf den Weg durch den Thüringer Wald, den plötzlich herunterprassselnden Regen mit männlicher Sturheit ignorierend. Was natürlich typisch ist: An der ersten Weggabelung entspinnt sich eine Debatte, zu der jeder seinen Senf dazu gibt. „Hier lang geht's nach Mosbach, nicht da!"

„Hier lang geht's au nach Mosbach, wir latschen übern Drachnstein!"

„Den Wech kenn ich aber nich, gehn mer lieber hier lang, is au kürzer!"

„Wenns danach geht, hätt mer ja gleich mitm Auto fahrn könn!

Wer is dafür, hier lang zu latschen?" „Mir egal, Hauptsache wir sin pünktlich und könn vorm Spiel in irgnd ner Kneipe nochn Bier ziehn!"

Die Eisenacher Dresdenfans haben über die FCW-Page von unserer Völkerwanderung gehört und eine Abordnung von 2 Neugierigen entsandt. Man plaudert, trinkt Bier, wandert und holt sich bei den zahlreichen und gefürchteten Abkürzungen nasse Socken. Nach 1,5 Stunden, für geübte ein Spaziergang, für Couchmikadoathleten ein Triatlon, ist das Walddorf erreicht. Am geschlossenen Freibad freut sich die Wirtin über den unverhoften Besuch von 15 Bierliebhabern, die trotz des Sauwetters am Samstagnachmittag unterwegs sind. Wir werden den Sportplatz pünktlich erreichen.

Beim Gastspiel der rot-weißen Erfurter bei Union Berlin steht es zur Halbzeit 3:0. Ein Berliner, der die Erfurter verlieren sehen will, sitzt in der alten Försterei und schreibt mir mit schmerzenden Fingern von den Erfurter Toren.

Wichtiger jedoch ist unser FCW und der beginnt eigentlich mit zwei Chancen verheißungsvoll. Dann aber der 0:1 -Arschtritt der Gastgeber. Schock? Nöö! Wir haben vorige Woche auch hintengelegen und noch 4:1 gewonnen. Da hatten aber die Stürmer noch getroffen und das taten sie heute trotz bester Gelegenheiten nicht. Zur Pause kommt die Meldung vom 4:2 Auswärtssieg der Erfurter. Es sollte die letzte gute Nachricht des Tages bleiben, denn der FCW rannte einmal mehr einem Rückstand gegen eine sich am eigenen Sechzehner verschanzenden Kontermanschaft hinterher. Die nutzten natürlich die ihnen feilgebotenen Räume. 3:1 lautete die erste Saisonklatsche für unseren Club. Und das bei einem Aufsteiger! Ernüchterung? Nee, aber die altklugen und selbstzufriedenen Gesichter der wenigen Gastgeberfans und der vielen FCW-Missgeschickfans aus dem ganzen Kreisgebiet gehen einem auf den Zeiger. Zum Zurücklaufen fehlt allen die Moivation. Wir verteilen uns auf die Eisenacher Autos und suchen Trost in der „Altdeutschen Bierstube", einem Sammelbecken für Bayernfans aus der Region. Nach Einbruch der Dunkelheit ist die Niederlage nur noch eine böse Erinnerung, die einem nur noch einmal, nämlich am Montag bei der Lektüre der lokalen Sportseite wehtun wird.

Kapitel 12

Respektspersonen

Remstädt ist ein Ort nordwestlich der Kreisstadt Gotha. Die heimische Fortuna war in der Saison 02/03

schon einmal für eine Saison Angehörige der Bezirksliga. Ausgerechnet Eisenach war dafür verantwortlich,
dass die Dörfler am letzten Spieltag abstiegen. Denn
der FCW verlor sein Auswärtsspiel beim FC Eltetal
völlig überraschend, was den Eltetalern den Klassenerhalt sicherte. Jene waren so glücklich darüber, dass sie
seinerzeit den FCW-Fans und den Spielern Freibier
spendierten, was den Remstädtern natürlich die Zor-
nesröte ins Gesicht trieb, weil sie Verrat witterten.
Vermisst hat die Fortuna niemand, im Gegenteil: Wer
in Remstädt zum Fußball antritt, muss pro Spiel im
Durchschnitt 2 verletzte Spieler einplanen und das
bringt den Fortunen allerhöchstens beim eigenen Anhang Sympathien ein.
Unsere zweite Vertretung sollte das Vorspiel bestreiten
im Rahmen des 10. Spieltages der 2. Kreisklasse. Die
erste Vertretung brauchte mal wieder jeden Mann, was
für die zweite akuten Spielermangel bedeutete - und
für mich, dass ich mit meinen 41 Lenzen von Anfang
an spielen sollte und das auf unserem Hartplatz, der
von den Spielern auch liebevoll Schmirgelscheibe genannt wird, weil man von jedem Sturz ein Schotter-
flechtenandenken mit nach Hause nimmt. Immerhin
sind heute Martin, ein Ruhrpottler im Thüringer Exil
und unser Mannschaftsleiter wieder mit am Start. Das
war in der Vorwoche noch anders. Da stand unser
Auswärtssieg in Etterwinden, einer Gemeinde, deren
Name auf die Gründung durch Zigeuner (!?) hinweist,
auf dem Spiel. Martin hat in seiner Funktion die
Schlüsselgewalt über die Kleiderkammer, die auch die
Trikots der Zweiten Mannschaft beherbergt. Ich war
ziemlich spät dran und hatte schon damit gerechnet,
selbst nach Etterwinden fahren zu müssen, doch die
Mannschaft stand noch vor dem Stadion herum. „Was
los ist? Wir kommen nicht an die Trikots!" „Wieso?" „

Martin hat die Schlüssel, er sollt schon seit 'ner Stunde hier sein. Und er geht nicht an sein Handy." „War der gestern in Mosbach nicht voll?" „Und wenn schon! Jetzt isses um Eins, irgendwann muss doch sogar *der* nüchtern werden!" „Nich wenn er heut früh nachgeladen hat."

So oder so ähnlich klangen die Gespräche, die vor dem Stadion geführt wurden. Uli, der Co-Trainer der Ersten Mannschaft, taucht auf. Er ist ein echter Karrieremensch, der sich im Verein hochgedient hat. Manch Missgönner behauptet sogar hochgedienert. Als Visionenverkünder sowie als Presse- und Stadionsprecher hatte er einst begonnen, nun steht er kurz vor seiner Imatrikulation zum Clubmanager, einem Amt, das es bisher bei unserem FCW nicht gab und deshalb eigens von Uli aus der Taufe gehoben wurde.

Noch steiler verlief seine Karriere bei den Streitkräften der DDR, der Uli noch heute bei einigen Leuten des Clubs den Beinamen Armeegeneral verdankt. Keiner beim FCW zweifelt daran, dass Uli diesen Dienstgrad mühelos erreicht hätte, wenn ihm 1989 die reaktionäre kapitalistische Konterrevolution nicht in die Quere gekommen wäre. Diese lösten die NVA mir nichts, dir nichts auf. Uli verspürte keine Lust, in der Bundeswehr des Klassenfeindes eine neue Karriere zu beginnen. Seinen energischen Kommandoton jedoch hat er sich bis heute nicht nehmen lassen.

„Isn los hier!!?", fragte er in stilechtem miltaristisch abgehacktem Jargon. In kurzen Worten tat ihm Trainer Neubauer den Status Quo kund. Unser Armeegeneral dachte kurz nach und charakterisierte die Situation in der für ihn typischen Art: „Verdammte Sauerei, das!!!" Dann verschwand er in den Katakomben der Tribüne. Nach zwei Minuten erschien er wieder mit einem Koffer in der Hand.

„Alle ma herhörn! Außergewöhnliche Situationen erfordern außergewöhnliche Maßnahmen", schnarrte Uli
in schönster Appellplatzrethorik „In diesem Koffer
sind die Trikots der Ersten Mannschaft von gestern.
Die werdet ihr tragen, damit wir wegen Nichtantritts
zum Punktspiel keine Strafe zahlen müssen!! Einmal
geht das schon!! Fragen!!?"
Irgendjemand der neueren Spieler kannte den General
noch nicht lange genug und wagte daher einen Einwand: „Aber Uli, die Teile sind doch verschwitzt und
dreckig. Ich meine, gestern hat es geregnet und die
Trikots lagen die ganze Nacht zusammengeknautscht
in dem Koffer".
Uli schien sich in den fetten römischen Centurio aus
den Asterixfilmen zu verwandeln: „ Meeeeensch!'!
Hab dich nicht so tantenhaft!!!", dröhnte er seinen Kritiker an. „Willst du Fußballer sein oder als Golfschwuchtel mit Schläger und karierter Hose über den
Rasen flanieren!!?
Der Gerügte gab kleinlaut nach: „Is ja gut Uli. Ich liebe Männerschweiß."
Ali unser Quoten-Iraner war derweil katzengleich an
der Rückwand der Kabine hochgeklettert, wo das
Fenster zu unserer Kleiderkammer angekippt war. Man
hätte einen Al Quaida-Rekrutenwerbeclip drehen können. Ein leises klirrendes Geräusch ließ sich vernehmen und Sekunden später stand Ali, der sonst freundlich lächelnd in der Fußgängerzone Eis verkauft,
in der Kleiderkammer der Zweiten Mannschaft des
FCW. Endlich hatten wir unsere Trikots, in denen wir
einen 3:1 Auswärtssieg feiern konnten.
Neben meinem Einstand in der Anfangself gab es für
mich heute noch eine weitere Premiere: Ich stand unter
der Fuchtel einer Schiedsrichterin. Sie war eine 1,60 m
große Autoritätsbombe, ihre ganze Körperhaltung

strahlte die Aura einer Respektsperson aus. Noch bevor wir die Schmirgelscheibe betraten, fiel ich ihr das erste Mal unangenehm auf. „Junger Mann", blaffte sie mich an, obwohl ich viel älter war als sie. „Das Trikot gehört in die Hose, sonst könnse gleich wieder heimgehn!" Sie wäre der ideale, weil ergänzende Partner für unseren Armeegeneral.

Schon drei Minuten später wirkte die ganze Mannschaft beim Verspielen der Schirisympathien mit. Wie jedes Kollektiv, so hat auch die 2. Mannschaft des FCW ihren Schlachtruf, den sie vor dem Spiel zu einem Kreis formiert skandiert. Dieser Ritus wiederholt sich vor jedem Spiel, denn auf ihn zu verzichten, bringt Unglück. Und so bildeten wir besagten Kreis. Christian, unser Kapitän und seines Zeichens der cholerischste Libero der 2. Kreisklasse, fragte laut in die Runde: „Muschiiiii??!!!" Die prolligen Kameraden antworteten: „Nassss!!!!".

Der Kopf unserer resoluten Schiedsrichterin nahm die Farbe einer überreifen Paprika an. Endgültig gemobbt fühlte sie sich, als wir zum Ende der Halbzeitpause vom Stadion zurück zur Schmirgelscheibe wollten, uns aber ein geschlossenes Eisengittertor daran hinderte. Man konnte unserer Schiridomina am Gesicht ablesen, was sie dachte: „Blanke Schikane! Machoarschlöcher!!"

„Das ist unser FCW", versuchte ich sie zu beschwichtigen. „Letzte Woche mussten wir in unser Stadion einbrechen, um spielen zu können. Diese Woche brechen wir eben aus." Mein Versuch schlug fehl. „Wir warten bis jemand einen Schlüssel bringt!!", hatte sie längst ihre Souveränität zurück gewonnen.

Schorsch unser übereifriger Rentner mit den Ordnergenen, hatte das Tor in wachsamer Vorraussicht verschlossen, damit ihn niemand um den Eintrittsobulus

prellen konnte, wenn in einer Stunde das Bezirksligamatch FCW gegen Remstedt stattfand.
Unsere Zweite konnte mal wieder nicht gewinnen. Die
Creuzburger glichen in den letzten 10 Minuten einen
1:3 Rückstand aus.

Die „Erste" hingegen fuhr mit den Rand-Gothaern
nicht nur Schlitten sondern Ralley. 4 Tore schenkten
Venter, Wiegand, Richnow und Kiss den Dörflern ein,
denen nur noch der
Ehrentreffer blieb. Die eigentliche Sensation des Wochenendes fand in Ifta statt, wo der Staffelfavorit
Bischleben nur ein 1:1 schaffte.

Kapitel 13

Kraft und Freude

Es war der 11.11. und ich war durstig. Ein kleiner
Frühschoppen hatte mich in soviel Vorfreude versetzt,
dass ich beinahe verschlafen hätte. Mit Ach und Krach
war ich noch pünktlich am vereinbarten Treffpunkt.
Das erste Auto war schon unterwegs nach Ichtershausen, und ich sprang in buchstäblich letzter Minute bei
Hutz, unserem Webmaster mit auf. Der ist eigentlich
ein ganz netter Kerl. Er raucht nicht und er trinkt nicht,
hat Frau und Kind. Und eine Legende rankt sich um
ihn. Man erzählt sich unter den Fans, dass er, wenn es
lange genug 0:0 steht, bloß in eine Bratwurst beißen
muss, damit der FCW in Führung geht. Normalerweise
müsste der Club ihm zu jedem Spiel drei Hackfleisch-
prügel spendieren, doch dann würde er schon bald aussehen wie der dritte Wildecker Herzbube und der FCW
wäre in der Championsleage am Start. Der vielleicht
einzige Makel von Hutz: Er ist ein gnadenloser Prinzi-

pienreiter. Eine seiner stringenten Lebensregeln lautet zum Beispiel, dass in seinem Auto kein Bier getrunken werden darf. Eine unerträgliche Folter an einem 11.11.,wenn man durstig ist.

Nach einer endlosen Stunde aber ist mein Martyrium vorbei, weil Ichtershausen erreicht ist.

Der Verein hier heißt KuF. Ein Kürzel, dessen Bedeutung zunächst unklar bleibt. Die Ichterhausener sind sogenannte Staffelwechsler, also Neulinge in der Staffel 5. Für die Eisenacher Fans bedeutete das heutige Auswärtsspiel, einen Groundhoppingpunkt machen zu können. So wird es landläufig genannt, wenn man als Fan einen neuen Sportplatz zu Gesicht bekommt.

Am Eingang wartet eine erste Überraschung in Form zweier Schilder, auf denen zum einen geschrieben stand: „ Jugendstrafvollzugsanstalt Ichtershausen" und zum anderen: „Betreten der Anlage nur mit Genehmigung". Was für eine Gruseltour. Wer ist dieser Verein, der noch ohne Sieg mit drei Unentschieden das Tabellenende schmückt? Stürmen hier etwa zutätowierte Straftäter im Blockstreifenlook erst auf die Tore und dann auf die Ausgänge? Wer sind die Fans? Etwa frustrierte alkoholkranke Schließer mit einem leichten Hang zur Homosexualität? Auswärtsspielpremieren sind das spannendste, was einem Fußballfan passieren kann.

Meine Bedenken zertreuen sich beim Betreten des Sportplatzes. Der Kassierer macht einen landestypischprofanen Eindruck. DDR-Nostalgieschnauzer unter der Nase und eine blau-weiß gestreifte Glücksbommelmütze zeugen von einer charakterlich gefestigten Persönlichkeit, die sich nicht um Modemätzchen oder Markenwahn schert. Er deutet mit dem Daumen über seine Schulter auf die Knastmauer. „Nää, mit dän hamor nischt zu dun!", versichert er mir.

Der Sportplatz-DJ ist eine Erfindung der Knackwurschtliga. Eine Steckdose in der Nähe reicht aus, um einem Entertainmentkomponentensystem, bestehend aus Verstärker, Kassettendeck, einem Satz Boxen und einem Micro zu Einsatzehren zu verhelfen. Der DJ sieht aus wie der letzte Überlebende des DDR-Jugendfernsehens. Vokuhilafrisur mit Strähnchengefärbtem Genickspoiler, der unvermeidliche Schnauzbart und einen Stielkamm in der Gesäßtasche der Wisentjeans, findet man nur auf Ostalgiemessen oder eben den Parcours der Knackwurschtliga. Passend zum Ambiente spielt der DJ zum Einlaufen der Mannschaften ACDC. Dieses „Highway to Hell" muss den Knackis nebenan wie der blanke Hohn vorkommen.

Das Spiel beginnt mit einer Ohrfeige für den FCW und seinen Anhang, denn nach 3 Minuten geht der Staffelneuling in Führung. Mahlzeit! Staffelneulinge, die mit 1:0 führen, sind nicht gerade die Spezialität meines Clubs. Ich habe viele Spiele gesehen, in denen der FCW den gegnerischen Strafraum umzingelt hat, ohne Torerfolg zu haben, weil besagter Strafraum mit 10 Verteidigern und einem Torwart hoffnungslos überbevölkert war.

Neben mir steht der Kassierer, der so gut in eine Ostalgie-Messe passen würde. Er heisst Werner und fährt im richtigen Leben Traktor für den ortsansässigen agrotechnischen Betrieb. Jetzt im Spätherbst hätte er mehr Zeit für Fußball, was im Sommer undenkbar wäre, weiß er zu berichten.

Da ist er manchmal 13-14 Stunden auf dem Feld. „Nisch so wie die verwöhndn Schdadtfürze, die vor Langeweile in Schdraßngaffees rumhockn unn so dun, als wärnnse Icalienor!!" Er schaut mich an, und ich kann seiner Mimik entnehmen, dass er mich dieser, aus seiner Sicht verabscheuungswürdigen Klientel zugehö-

rig hält. Ich lenke vom Thema ab, will wissen, was das Kürzel „KuF" bedeutet. Er sieht mich wieder mit diesem Ausdruck an, der darauf schließen lässt, dass er Leute wie mich lieber in der benachbarten staatlich gesponsorten Pension sehen würde. Doch dann scheint er zu begreifen, dass ich ehrlich interressiert bin, auch weil KuF in der Fußballdiaspora eben alles andere als eine gebräuchliche Namensgebung ist. Bereitwillig gibt Werner Auskunft: „ Ko ü Äff, hesst Kroft un Freude!" Gab es in den Dreißigern nicht ein Reisebüro in Deutschland, dass auf der Ostsee Kreuzfahrten für verdiente „Volksgenossen" und in der Lüneburger Heide Zeltlager für ihre Kinder organisierte? Werner scheint meinen Einwand zu ahnen und kommt einer möglichen Frage zuvor: „ Nee mir ham nüscht mitn Noazis zu dun. Dos frieher hieß ööh KdF. Mir heißn Kuf."
Der FCW lenkt mich ab, denn der Ausgleich durch einen schönen Schrägschuß von Wiegand fällt. 10 Minuten später erzielt Ortlepp mit einem Freistoß die Führung. Dem Eisenacher Anhang ist wohler, denn Kraft und Freude, werden mehr für dass Spiel tun müssen, wenn sie nicht verlieren wollen. Was bedeutet, dass sie nicht mehr nur am eigenen Strafraum rumlungern können, um auf Kontermöglichkeiten zu warten.
Werner winkt enttäuscht ab. „Nuja reischt ähm nur für de Kreisligö. Märr isses nisch!" Darauf weiß ich keine Antwort. In der zweiten Halbzeit sorgt Venter mit einem verwandelten Elfer für das dritte FCW-Tor. Die Ichtershausener müssen wegen ihrer zahlreichen Fouls eine gelb-rote Karte wegstecken. Auf der anderen Seite macht Venter mit seiner 2. Bude alles klar. Der FCW ist erstmals Spitzenreiter in dieser Spielzeit.
KuF hat am Ende die Kraft verlassen, aber Freude haben sie uns gemacht!

Kapitel 14

Linientreue und Opponenten

Mechterstädt geht es schlecht. Sie sind Letzter und vom Absturz in die Kreisliga bedroht, deswegen geht es ihnen schlecht. So schlecht, dass wir mit ihnen leiden. Die Fans, weil uns wieder ein Gegner mit Gleisanschluss in unserer Nachbarschaft verloren geht, unserem Trainer Wiegand, weil er aus Mechterstedt stammt, seinem Sohn, Jan, weil er lange Jahre für den SV Victoria gespielt hat.

Die Ausgangssituation scheint eindeutig. Mechterstädt letzter, Eisenach erster. Der FCW gewinnt in Mechterstädt 4:1 und hat zu Hause in dieser Spielzeit noch nicht verloren. Aber da ist auch dieser Spitzenreiterfluch dieser Staffel. Selten ist in der Fünf der Herbstmeister auch aufgestiegen. Egal, der November ist mild und im Wabu gibt's Bier, Bratwurst und Rostbrätl - mit Brötchen sogar. Man trifft sich wie immer unter dem Tribünendach, lässt die Seele baumeln und quatscht über Fußball im wahrsten Sinne des Verbes: „Haste den Rumenigge gehört? Will für die Bayern 'n Kracher holn. 20 Mille willer uffn Tisch packn" „Unn wen?" „Wissnse no nich" „Hat Hoeneß nich immer dass Gegenteil erzählt?" „ Pöh! Fußballfunktionäre sind die niedrigste Form menschlichen Lebens. Gegen die sind Politiker die reinsten Moralapostel." „ Hm. Scheiß Kommerzkacke!".

Jede Menge Zuschauer haben sich eingefunden, jedenfalls für Knackwurschtligaverhältnisse. Kein Wunder, der FCW ist die einzige Mannschaft, die an diesem Wochenende im Altkreis Eisenach ein Bezirksligaspiel austrägt. Es ist eine kluge

Maßnahme, an einem spielfreien Wochenende ein Match vorzuziehen, wenn die Plätze noch bespielbar sind. Rasendrainagen gehören in dieser Spielklasse zu den Ausnahmen. Keine Saison geht ohne witterungsbedingte Spielausfälle zu Ende, und im Mai werden die Spieltage knapp. Der Begriff "Englische Woche" stammt aus der Bezirksliga, weil dort im Mai der Terminkalender der Teams eng wird. Es wird mittwochs und samstags gespielt. Nur die Truppen überleben, die im Wintertraining am meisten Kondition gebolzt haben.

Der FCW will die Chance nutzen, sich mit weiteren 3 Punkten von Bischleben abzusetzen, Mechterstädt spekuliert auf einen Überraschungscoup im Wartburgstadion. Auf der Tribüne findet jenes Ritual statt, dass vor allen Spielen, auf allen Plätzen und in allen Stadien, von der 3. Kreisklasse bis zum WM-Finale und von Neapel bis Reykjavik von allen Fans zelebriert wird: Das orakeln um den Spielausgang!

„Was meinstn?" „Klares Ding, 5:0!" „Hm ich weiß nich. Die müssn was machen, un wir dürfn nich mit unsern Chancen huren wie sonst. Bin ma vorsichtig. Ich sach 2:0." „Ich hab n blödes Gefühl. Ich glaub die patzn heut.1:0 – Mechterstädt." Solche Stimmen werden nirgends gerne gehört, dementsprechend entrüstet klingen die Proteste. „Isn mit Dir los?!", „ Bist wo kein Eisenacher, mehr!?", „Zieh doch aufs Dorf!", „ Bleib daheim, wenn de keine Freunde hast!", „Verräter!". Solche oder so ähnliche Bemerkungen müssen Pessimisten vertragen, wenn sie unter Fans objektive Prognosen zu verbreiten gedenken.

Wegen des spielfreien Wochenendes sind auch viele Kiebitze der Konkurrenz angerückt in der Hoffnung auf einen Ausrutscher der ungeliebten Eisenacher.

Es sieht zunächst nicht danach aus. Der Gastgeber spielt den Aussenseiter schwindlig. Chancen ergeben sich in 5-Minutenintervallen, wenn Aluminiumtreffer zählen würden stände es zur Pause schon 2:0 für Eisenach. Victoria hält zwar im Mittelfeld mit, spielt in Tornähe aber zu damenhaft. Eine Chance lässt ihr der FCW in Halbzeit eins, die sie ladylike vergibt. Nicht so einfallslos meine Herren. Das Chancenversieben gelangt in der zweiten Halbzeit zu schillerndster Blüte. Auf der Tribüne versucht ein enttäuschter Vertreter des Fanclubs „Ü 70", ein Pfeifkonzert anzuzetteln. Er wird von seinen Mitsenioren zur Ordnung gerufen: „Hör auf zu pfeiffen du Idiot!! Hast wo ne Meise oder was!!?"
Wieder zwei Freistöße an Pfosten und Latte. Björn Venter, der Schütze, zerrt an seiner Frisur herum, als könne er es nicht erwarten, eine ähnliche Badekappenfrisur wie der Pfeiffer von der Tribüne zu bekommen. In dieser Phase ist es leicht, FCW-Fans und Gegner zu unterscheiden: Die einen schlagen entsetzt die Hände vors Gesicht und die anderen lachen amüsiert und kopfschüttelnd, als wollten sie sagen: „So was gibt's bei uns in Stedtfeld, bei uns in Behringen, bei uns in Ifta, oder bei uns in Gerstungen nicht."
Die Zeit wird knapp. Jedem im Stadion ist klar, dass diejenigen, die nun noch ein Tor erzielen, gewinnen werden. In solchen Phasen spürt keiner im Stadion noch den Unterschied zwischen Knackwurstliga und Länderspiel. Die Spannung hält alle gefangen. Gelingt Mechterstädt der entscheidende Konter oder treffen die Wabu-städter. 81., 82., 83. Minute. Der FC erkämpft sich am rechten Strafraumeck den Ball. Matthias Müller passt auf Pechvogel Venter , der zieht aus unmöglicher Position,
aber dafür mit jeder Masse Frust ab. Und......trifft zum 1:0! Zweihundert FCW-Fans recken wie auf Kom-

mando die Fäuste zum Tribünendach: „Hier regiert der FCW!!!!" Der Schiri pfeifft wenig später ab. Niemand hat Augen für die enttäuschten Mechterstädter, die mit gesenkten Köpfen in die Kabine schleichen. Nicht jetzt. Der FCW muss gefeiert werden. Dann fängt erneut die Fachsimpelei unter den Fans an: „Schwein gehabt!", „Scheiß drauf!", „War aber verdient, wir ham das Spiel gemacht!" „Genau, warn Würgespiel. Aufsteigen wird der, der solche Dinger zieht."

Der Sonnabend ist gerettet. 200 Zuschauer gehen ihrer Wege, in die Stammkneipe, die Stammflaschenbierhandlung, die Stammdisco oder einfach nur nach Hause. Nächsten Sonnabend werden sie alle wieder da sein. Der Optimist, der Pessimist, der Pfeiffer und der FCW-Hasser. Sie alle aber sind sich in einer Sache einig: Knackwurschtliga ist geil.

Kapitel 15

Einen Zauberstab!

Der FCW im tristen November gegen Behringen.

Das riecht schon nach Enttäuschung von der Papierform her! Lustlos trotten wir ins Wabu. Es ist kalt und regnerisch. Wir suchen unterbewusst die Nähe des Bratwurstrostes. Den Qualm, der sich wie ein parasitäres Bazillum in den Kleidern festsetzt, ignorierend. Egal, denn erfroren sind schon viele Menschen – erstunken ist noch kein Einziger.

Das Spiel fängt eigentlich sehr gut an. Das kann man als Fan behaupten, wenn die eigene Mannschaft zur Pause mit 2:0 vorne liegt. Doch dann der Leistungsbruch. Es läuft nicht mehr und Behringen kommt zum Anschlußtor. Sie drängen auf den Ausgleich. Hinter dem Tor machen sich die Eisenacher Reservisten warm. Gleich wird es jemanden treffen, der zum Sündenbock gemacht wird. 5 Minuten später ist es soweit. Alex Kiss sieht unglücklich aus. Sein Trainer hat ihn eben vom Spielfeld genommen und dass er damit nicht einverstanden ist, sieht man seiner ganzen Körpersprache an. Freilich wagt er es nicht, Trainer Schwendler die Meinung zu geigen, doch das war nicht bei all seinen Übungsleitern so. Früher hat er auch schon mal rumgemotzt: „Ich spiele Fußball mit den Schuhen und nicht mit dem Zauberstab!".

Ich verfolge verzückt diesen Gedanken:

Einen Zauberstab! Wer hätte den nicht gerne? Ich schon. Wenn ich einen Zauberstab hätte, würde mein Club dieses Spiel, ach, was sage ich, jedes Spiel würde er gewinnen. Der Typ da unten, von der gegnerischen Mannschaft, der mit der großen Fresse, der eben das 1:2 für seine Mannschaft erzielt hat, wäre schon nach 10 Minuten ausgewechselt worden oder ich hätte ihn erst gar nicht mitspielen lassen. Wenn ich einen Zauberstab hätte, würde der Typ sich ab heute abend nur noch für Minigolf interessieren und sich gleich am Montag einen eigenen Schläger kaufen. Mein eigener Zauberstab! Der Trainer des Gegners würde in der ersten Minute einen Lachkrampf bekommen, der erst nach der zweiten Halbzeit beendet wäre. Statt Anweisungen hätte er nur Gelächter für seine Mannschaft übrig und der Schiedsrichter würde glauben, der Trainer lache über ihn und würde ihn schon nach einer Viertelstunde mit Rot wegen Schiribeleidigung auf die Tribüne schicken.

Leider habe ich aber keinen Zauberstab. Wenn ich einen hätte, dann würde der FCW nicht mehr im Wartburgstadion spielen. Der Club hätte auf dem Gelände des AWE eine Multifunktionsarena. Nein! Der Club hätte auf diesem Gelände *die* Multifunktionsarena! Neben der würde das neue Münchener Stadion höchstens aussehen wie eine billige Hutschachtel oder wie ein Exponat der Lego-Jahresmesse. Umgeben von marmorverkleideten Parkhäusern, zu deren Decks Treppen mit goldenen Geländern führen und deren Fassaden prächtiger dekoriert sind als die Wände des Louvres, würde die Wartburgarena auf einen künstlichen Hügel von edelstem Schmuckgranit thronen und nachts, angestrahlt von gleisendem Laserlicht, sogar den Blick auf die Wartburg verblassen lassen. Zigtausende Fans des FCW würden in jedem Sommer bei Beginn des Vorverkaufes alle guten Manieren vergessen und sich um die 150 000 Dauerkarten für die Spiele des FCW prügeln. Junge Ehepaare würden sich lieber bei den Heimspielen des FCW trauen lassen als auf der Wartburg, der Creuzburg oder in der Georgenkirche.

Wenn sich in meinem Besitz ein Zauberstab befinden würde, spielte der FCW schon lange nicht mehr in der Bezirksliga. Selbst die Bundesliga wäre für unseren Club zu klein. Eine Weltliga, von mir und meinem Zauberstab geschaffen, wäre das Maß aller Dinge, in der sich die besten Teams der Welt messen würden. Popelige Ligaspiele wären überflüssig, Europa- und Weltmeisterschaften auch. Der FCW würde mit den Nationalmannschaften von Brasilien, Argentinien, Italien oder denen von England und den Niederlanden um Punkte kämpfen.

Wo die deutsche Nationalmanschaft bleibt? Wenn ich einen Zauberstab hätte, bräuchten wir die nicht mehr, weil alle Menschen Deutschlands FCW-Fans sind und sich alle Spieler darum reißen, bei den Wartburgstädtern spielen zu dürfen. Der FCW hätte eine erste, eine zweite und eine 12532. Mannschaft. Der Fußball in Deutschland wäre gleichgeschaltet!

Ach ja, ein Zauberstab! Um das Stadion würde ein Einkaufszentrum entstehen mit allem was das Herz begehrt. Die kommunistische Idee von der bargeldlosen Gesellschaft, in der es alles umsonst gibt, würde hier mit Leben gefüllt werden. Einen Namen für dieses Viertel hätte ich auch: Groß über den Eingängen zum Viertel der Wartburgarena würden Begrüßungsschilder prangen, auf den in goldenen Lettern geschrieben steht: „Willkommen im Schlaraffenpark!"

Mit meinem Zauberstab würde ich die Vision des großen Humanisten Mark Twain von den gebratenen Tauben, die durch die Luft schweben, Wirklichkeit werden lassen. Doch warum nur Tauben? Im Schlaraffenpark würden auch gebratene Pekingenten herumfliegen samt Reis und Gemüse! Der gute alte Thüringer Gänsebraten mit seinen Patenkindern, den Thüringer

Klößen, wären Flugobjekte. Keine unbekannten, sondern wie eh und je beliebte. Die Leute würden schlemmen und sagen: „Achtung Schatz! Zieh den Kopf ein. Da kommt wieder 'ne Portion Klöße geflogen!".

In der Hörsel, die sich an der Arena vorbei windet, würden fröhlich nie versiegende Fluten von Pina Colada sprudeln. Und in einem eigens angelegten heiligen Hain würde Flaschenbier an Bäumen wachsen. In diesem Schlaraffenpark dürften Günther Netzer und Gerhardt Deling Fischbrötchen belegen und anschließend verschenken. Ulli Hoeneß wäre Kartenabreißer und Rudi Assauer dürfte die Papierkörbe leeren. Die Mitgliederliste wäre lang, länger, am längsten.

Wenn ich einen Zauberstab schwingen könnte, würden sich Promis um die Mitgliedschaft im Eisenacher Club reißen. Claudia Schiffer gegen Heidi Klum, Boris Becker gegen Roberto Blanco und Angela Merkel gegen Friedrich Merz hießen die Vorrunden- Duelle in einem Boxturnier, bei dem die Gewinner eine Ehrenmitgliedschaft beim FCW gewinnen könnten. Ausländische Gäste würden Berlin links liegen lassen und nur noch nach Eisenach wollen. Das Kanzleramt müsste, wollte und würde deswegen direkt in den Schlaraffenpark umziehen. Der Papst würde den Ostersegen nicht mehr in Rom, sondern von der Wartburg aus verkünden, nur um in der Nähe der Arena sein zu dürfen, wenn ich einen Zauberstab hätte.

Aber ich habe keinen und deswegen hat Behringen mittlerweile das 2:2 erzielt. Es bleibt bei diesem Ergebnis, weil auch keiner der Eisenacher Spieler einen Zauberstab besitzt. Schade!

Kapitel 16

Freude im Advent?

„Manchmal ist ein Tag ein ganzes Leben", singt Nena in einem ihrer Oldie-Hits. Und jawohl, das stimmt! Manchmal passiert in der Knackwurschtliga an einem Spieltag mehr, als sonst in drei Spielzeiten zusammenkommt.

Wir haben in Mühlberg, dem ältesten Thüringer Dorf zu Füßen der gleichnamigen Burgruine, erlebt, dass in der Halbzeitpause die gerade erst sanierte Decke der Vereinskneipe herunterkam. Niemand verletzte sich. Wir sahen nur aus, wie ein Sondereinsatzkommando der ortsansässigen insolvent gegangenen Zementmischanlage. Nachdem sich der erste Schrecken gelegt hatte, witzelte der erste Eisenacher schon los: „Die Kneipe hat wo dieselbe Firma saniert, die die Burg gebaut ham". Und einer der Dörfler konterte: „Kaum kommn die Aisenocher, rondaliorn se o schon rum!"

Im selben Spiel kam es zu einem comedyreifen Schiriauftritt, direkt vor unserer Nase. Der regelmäßige Nur-Bundesligagänger wird das sicher kaum glauben können, aber in der Knackwurschtliga können *alle* Fans in der ersten Reihe stehen oder sogar sitzen, insofern sie sich einen eigenen Stuhl mitbringen wollen. Selbst, wenn ich mir mit einem Kumpel meine Wohnzimmercouch mit ins Wartburgstadion tragen wollte, würde mich niemand daran hindern können, weil es in der Stadionordnung keinen Passus gibt, gegen den ich mit meiner Couch verstoßen könnte. Sicher würde mir manch anderer Fan mindestens einen Vogel zeigen, weil in Fankreisen schon Sitzplätze als verachtenswert gelten. Doch zeigt mir den Profiverein, bei dem es mir möglich wäre, ein Spiel im Liegen zu verfolgen, ohne dass mir die Polizei Handschellen angelegt und mich auf dem Boden platziert hat!

Doch zurück zum Comedyauftritt des Schiris.
Gerald Böhm hatte damals einen Verteidiger umgemäht und war gerade dabei, ihm die Zehn Gebote zu verlesen, als der Schiri wild pfeifend angefegt kam. Gerald wollte auch diesem seine Bibelfestigkeit beweisen, doch dazu kam es nicht. Denn jedes Mal, wenn Gerald etwas sagen wollte, ließ der Schiri seine Pfeiffe schrillen. Und weil sich mit jeder Pfeiffeinlage die Pfeiffe der Nase Böhms näherte, standen sich die beiden nach mehreren erfolglosen Kommunikationsversuchen Nase an Pfeiffe gegenüber.

Wie das Spiel damals ausging, weiß heute keiner mehr. Aber Erlebnisse dieser Art bleiben einfach haften.

In Bischleben waren wir ebenfalls mehrfach. Ich erinnere mich an ein 3:3 bei Minus 6 Grad auf tiefen Schneeboden, bei dem der Ausgleich in der 94. Spielminute aus dem Abseits und unter Behinderung des Eisenacher Keepers im Fünfmeterraum gefallen ist. Lautstarke Proteste der FCW-Spieler und ihrer Fans waren damals die Folge. Ein Jahr später durften wir an der Uraufführung der Schiedsrichterschwalbe teilhaftig werden. Als ein Schiedsrichter, ohne dass ihn ein (zugegebenermaßen) ziemlich aufgebrachter FCW-Spieler berührt hatte, eine Tätlichkeit des Letzteren vortäuschte, zu Boden ging und das Spiel in der Nachspielzeit (!) der zweiten Halbzeit beim Stande von 1:1 abbrach. Selbst die Einheimischen schüttelten damals lachend die Köpfe. Den Landkickern wurden am Grünen Tisch die Punkte zugesprochen.

Bischleben ist formell ein Stadtteil von Erfurt, praktisch aber eine eigenständige Landwirtschaftsenklave, die auf Grund ihrer Stadtnähe irgendwann einmal eingemeindet wurde. Vielleicht sind die Vorfahren der Bischlebener wegen ihrer Pflanzgewohnheiten für den heutigen Schimpfnamen für Erfurter, der „Puffbohne" lautet, verantwortlich. Wenn dem so war, dann wären die heutigen Erlebnisse um eine Ursprungsspekulation reicher.

Zweiter gegen Erster kann man mit einem Wort aussprechen: Spitzenspiel!

Wenn in der Knachwurschtliga eine brisante Partie ansteht, schlägt das zuverlässigste Barometer der Welt, das Internetforum des FCW, schon eine Woche vorher aus.

Das ist auch bei Spielen in Bischleben nicht anders. „Kommt ihr nur ihr Assis! Am Sonntag gibt's eine drauf! Da nutzen euch eure lächerlichen Gesänge nichts!" Kommt aus der einen Ecke. „Auswärtssieg! Dieses Jahr klappts! Wir sind dran!", aus der anderen. Und die Internethoo(h)ligans erwachen. „Spielabbruch Schnautze voll. Wartets ab!" Drohungen dieser und noch armseligerer Art heizen die Stimmung im Vorfeld an. Der Webmaster des FCW ist bekannt für seine Toleranz. Bis manche Einträge gelöscht werden, muss schon viel passieren, vielleicht manchmal zu viel...

Egal, Beleidigungen schlagen nur dem Wunden, der sich angesprochen fühlt, meinen die meisten FCW-Fans. Cirka 50 von ihnen werden zu diesem Knackwurschtligagipfel an den Hamburger Berg reisen. Der Eisenacher Club stellt diesmal seinen Fans einen 20-Mann-Bus zur Verfügung. Die Zugfahrer zählen 10 Personen und der Rest reist mit Mehdorns Schienenstrangbeförderungscontainern an. Bischlebens größter Vorteil ist sein Anschluß an das Netz der Deutschen Bahn-AG. Im Stundentakt gelangt man von Wabu-City in den Erfurter Vorort.

Der Eisenacher Anhang nutzt die mobile Freiheit zu einem kleinen Frühschoppen in der Gaststätte seines Heimatbahnhofs. Fußballfans sehen gerade bei Auswärtsspielen keinen Grund, mit dem Konsum alkoholischer Getränke bis zum Einbruch der Dunkelheit zu warten. Das ist in der Knackwurschtliga nicht anders. Man bringt sich in Schwung, salbt sich die Stimmbänder, um den zahlenmäßigen Rückstand zu den gegnerischen Fans durch lauteren Support der eigenen Elf auszugleichen.

Der Bahnhofswirt kennt uns. Wir haben bei ihm Fußballfanrabatt, brauchen nicht den vollen Bierpreis zu entrichten. Dafür besuchen wir ihn vor jeder Zugauswärtsfahrt auf ein paar Pflichtgetränke. Kurz nach Hihg Noon setzte sich Mehdorns Regionaldraisine mit dem Ziel Halle in Bewegung.

Eine nicht mehr ganz so junge Dame in militaristischem Outfit okkupiert noch vor Gotha unser Abteil. Weltgewandt und ohne jede Scheu grüßt sie uns. Und nur einen Moment später wird aus ihrer Zutraulichkeit Neugierde: Sie will unbedingt unsere Fahrscheine sehen. Ich hatte Didi gebeten, mir am Automaten einen Fahrausweis zu organisieren, doch der hatte mich schlicht vergessen und redete sich nun mit fehlendem Kleingeld heraus. Das Military-Girl vom Kampfbataillon „H.Mehdorn" bat mich ins Nachbarabteil. Ihr erst freundlicher und dann neugieriger Blick war nun einem Dominagesicht gewichen. „Schworzfoahrn koann rischtisch teier wärn!", ermahnte sie mich. „Hier liegt ein Missverständnis vor", versuchte ich zu beschwichtigen, denn sie wirkte wie ein Polizist kurz vor dem Schußwaffengebrauch. „Ich würde gerne nachzahlen". Sie zeigt sich kooperativ, doch ihr Antlitz verdunkelt sich erneut, als ich sie mit einem Hunderter konfrontiere. „Homses nisch kleenor?" Wir gehen zurück zu den Kameraden. Jeder gibt 50 Cent und rettet den Ausflug damit. Die Fahrkartenprinzessin mit dem strengen Blick und dem gütigen Herzen gibt uns noch eine Empfehlung, bevor sie das Abteil verlässt: „Unn wähe, wenn ihor in Hoalle immor noch im Zuch sitzt! De Muddi sieht oalles!"

Wir wollen nicht nach Halle, nur nach Bischleben und dort sind wir jetzt angekommen. Das Dorf wirkt verschlafen wie an jedem Sonntagnachmittag, wenn wir zum Fußball hier waren. Es ist

schönstes Spätherbstwetter am ersten Advent. Die Leute sind wohl alle auf dem Sportplatz. Vom Hamburger Berg schwappen musikalische Fragmente herüber und es riecht nach Bratwurst. Wenn noch eine Blaskapelle dagewesen wäre, hätte man es für eine Kirmesfeier halten können. Vor die Vereinsgaststätte haben sie einen Festzeltpavillon gestellt, an dessen Stehtischen wir uns niederlassen. Bier für alle, Bratwurst für jene, die kein Mittagsmahl hatten. Der Vereinskoch taucht auf. Er geht eigentlich lieber zu Rot-Weiß Erfurt als zur Bezirksliga, will sich aber den Knackwurschtliga-gipfel keinesfalls entgehen lassen.

Wir lassen die Blicke über die Anwesenden schweifen. Ein paar Rentner an diesem Tisch, ein paar Jugendliche an jenem. Sie werfen versteckte Blicke zu uns herüber, die uns argwöhnisch abschätzen. Möglicherweise kennt uns der eine oder andere von ihnen, schließlich sind wir nicht zum ersten Mal auf ihrem Sportplatz. Einer von ihnen trägt eine Strickjacke mit großer England-Applikation. Er wirkt kräftig, hat einen tätowierten Hals und kurzgeschorene Haare. Die anderen scheinen eher seine kleinen Brüder zu sein.

Nicht aber die zehn Männer, die jetzt ohne zu zahlen den Einlass passieren. Alle überschreiten die Körpergröße von 1,85 m. Einen von ihnen kenne ich aus der Ordnungsgruppe des FC Rot-Weiss. „Jungs, die Typen kenne ich. Heut kriegen wir den Wanst voll. Das sind welche von den Parolis.", meint Didi und trinkt einen Schluck Bier. „Hoffentlich lassen die uns wenigstens erst das Spiel sehen.", meine ich.

Unser Stammplatz in Bischleben ist zwischen den Trainerbänken, auf der anderen Sportplatzseite stehen die

Bischlebener Anhänger. Sie scharen sich um einen blau-gelben Leierkasten, den sie vollautomatische Anfeuerungsmaschine nennen. Neben uns nehmen die 10 Hooligans Aufstellung. Die Mannschaften kommen unter den Klängen von AC/DC's „Hells Bells" auf die

Kampfwiese. Einer der Hools kommt an uns ran und beginnt seine Begrüßungszeremonie: „So, ihr seid die Eisenacher? Klare Ansage: Wir sind zehn Leute. Wir können entweder gleich ein Zehn-gegen-Zehn austragen, oder ihr haltet während des Spiels die Schnauze und die Füße still. Ansonsten gibt's auf die Fresse, und zwar richtig auf die Fresse!"

Ich entgegne: „Wir sind keine Hooligans, für ein Match habt ihr keine Gegner. Wir sind Fans und werden unsere Mannschaft unterstützen." Zwei Rentner vor uns fühlen sich angesprochen und sind nervös geworden: „Lasst uns doch in Ruhe, wir wolln doch nur Fußball guckn." Eigentlich sprechen sie aus, was ich denke, andererseits will ich nicht um Gnade winseln und als Feigling gelten. Die Hools mustern uns noch eine Weile, dann befassen sie sich mit sich selbst. Das Spiel auf dem Rasen interessiert sie nicht die Puffbohne. Der Schiri hat angepfiffen, und wir starten einen ersten Versuch, die Auflagen der Schläger neben uns zu unterlaufen: „FCW!!!FCW!!!FCW!!!". Na also geht doch. Sie nehmen uns gar nicht wahr. Selbst als die restlichen 300 Zuschauer „Toooor!!!" brüllen, weil Bischleben mit 1:0 in Führung geht, betrachten sie nur gelangweilt ihre Fingenägel. Der FCW-Anhang wird lauter. Sprechchöre und Aufmunterungen. „Los Jungs, macht euch noch mal gerade, hier geht was!!" Einer der Parolis murrt: „Macht ihr euch lieber mal gerade!" Sie können einem beinahe Leid tun. Irgendjemand hat ihnen erzählt, da kommt eine Handvoll Eisenacher Hooligans, die überall für Randale sorgt. Und dann treffen sie bloß auf uns! Zu Halbzeitpause hat die Hälfte von ihnen die Schnauze voll. Einen so supersonnigen Sonnensonntag kann man besser nutzen, als neben einem Dutzend FCW-rufenden Provinzeiern ein Spiel der Knackwurstliga zu begaffen.

Für Verhältnisse der siebenten Liga war das Gekicke gar nicht so übel. Man merkte, dass hier keine Trampel gegeneinander kämpften, sondern zwei technisch begabte Teams gegeneinander spielen. Der Schiedsrichter kommt ohne gelbe Karte aus, unser FCW allerdings fast ohne Torchance. Als die Einheimischen in der Mitte der zweiten Halbzeit das 2:0 erzielen, ist die Sache entschieden. Der Bischlebener SV ist Herbstmeister der Bezirksliga Thüringen-Staffel 5.

Beim Abmarsch frage ich den Ansager der Parolis nach dem Grund ihres Interesses für das Spitzenspiel, immerhin spielt der RWE zeitgleich in Kiel. „Wie kommt es, dass die Erfurter C-Kategorie in der Bezirksliga auftaucht?" Er lässt sich herab zu antworten: „Wir ham erfahrn, dass überall, wo Eisenach spielt, Spielabbrüche gang und gäbe sind, und dass die Spieler der gegnerischen Mannschaft von euch angegangen werden." Sicher ist es sinnlos, den Typen über seinen Irrtum aufzuklären. Trotzdem, um einem Verdacht nachzugehen, frage ich nach: „Habt ihr das aus dem Internet?" Er schüttelt den Kopf, „Internet interessiert uns nicht". Das könnte bedeuten, dass die Gastgeber selbst diese Herrschaften angelockt haben. Wir gehen zurück zum Bierzelt und ordern noch jeder ein Getränk, als vom Eingang her Rabatz rüber weht. Der Vereinskoch hat dem Bischlebener Trainer einen Böller vor die Füße geworfen und ist von den Ordnern folgerichtig der Anlage verwiesen worden. Was darauf folgte, habe ich erst hinterher erfahren, respektive gesehen. Der kleine Koch hatte von einem der verbliebenen Hools einen Volltreffer an den Unterkiefer erhalten und dabei zwei seiner Schneidezähne eingebüst. Ein anderer Schläger stand noch am Eingang. Als der unbelehrbare Vereinskoch erneut auf den Sportplatz wollte, knipste dieser ihm erneut mit einer rechten Geraden das Lämpchen des Bewußtseins aus.

Drinnen im Stadion erneut Geschrei und Gezeter. Diddi hatte sich mit einem einheimischen Schlagetod in den Armen. Beide hinderten auf diese Weise die Fäuste des anderen daran, die gegnerischen Gesichter nach Landeplätzen abzusuchen. Die Umstehenden verboten sich gegenseitig das Eingreifen. Silvio und Christian standen derweil am Eingang und warteten auf zwei Provokateure, die ihnen aber nicht den Gefallen taten, das Sportplatzgelände zu verlassen. Irgendwann hatten es alle Eisenacher geschafft, den Hamburger Berg zu verlassen.

Auf dem Weg zum Bahnhof bewunderten wir den Strahlenglanz der adventlich geschmückten Vorstadtfenster, als die Straße plötzlich in leuchtendes blaues Blinklicht getaucht wurde. Advent, Advent ein Lichtlein brennt? Von wegen! Hier blinkten mehr Lichter als am Weihnachtsbaum des Eisenacher Marktes! Eine Blaulichtkolonne, bestehend aus sieben grün-weißen Minnas und drei Notarztwagen, kreuzte den Weg der „Gäste". Als die Kolonne hielt und jede Menge lebensfrohes Uniformgrün aus den Wagen sprang, dämmerte uns, dass es sich bei dieser Adventsprozession um ein Abschiedsgeschenk der Bischlebener handelte. In der Notleitzentrale war ein Anruf des BSV eingegangen, in dessen Verlauf eine Frauenstimme behauptete, dass sich insgesammt 50 gewaltentschlossene Fans prügeln und schon 10 Verletzte herumliegen würden. Christian, Silvio und Diddi wurde beim Aufnehmen der Personalien silberfarbener Handschmuck angelegt. Oh du sinnlich-beschauliche Vorweihnachtszeit!

Die Frage, wer die Fußballschläger an den Hamburger Berg gelockt hatte, stellte sich nun nicht mehr. Zwei

Tage später erzählte ein Eisenacher Fußballtrainer von einer merkwürdigen Begebenheit aus der Bischlebener Vereinsgaststätte, die davon handelte, dass vor der Begegnung 10 sportlich-kräftige Männer in der Kneipe auftauchten. Sie tranken Bier und Kaffee. Auf die Frage der Bedienung, wer dass bezahle, meinte der Wirt nur schmalsilbig: „Das macht der Verein..."(!)

Kapitel 17

Der Schaffner aus Eisenach

Lang und hart ist die Winterpause in Thüringen. Vom ersten Advent bis zum meteorologischen Frühlingsanfang liegt ein gefühltes ganzes Zeitalter. Vor lauter Hallenturnieren fühlt man sich schon wie ein Handballfan, der sich auf der Flucht vor dem schlechten Wetter Deutschlands in beheizte Hallen verkriecht, anstatt sich wie ein Mann den Wetterunbilden zu stellen. Die ersten Testspiele sehnt der Fan herbei wie der Junkie das Methadon, das erste Punktspiel aber wie einen frischen Schuß.

Die einzige, die uns einen Strich durch die Rechnung machen könnte, ist die Regentrude. Sie mag keinen Knackwurschtfußball und gibt sich in der Woche vor dem Rückrundenstart alle Mühe, die Plätze der Bezirksligisten absaufen zu lassen. Platzkommissionen werden gebildet. Nadelstreifenbonzen von den Kommunen und Trainingsmodels von den Vereinen, die am Vormittag des Spieltages den Platz begehen, und dann den Daumen heben oder eben senken, bestimmen, ob gespielt wird. Ein Langensalzaer Fan ist so nett, im Forum des FCW darüber zu informieren, dass gespielt wird. Einfach riesig! Und noch etwas erfreut mein

Fußballerherz beim Blick auf die Homepage meines Clubs.

Ich, jawohl ich bin Spieler des Monats in unsere zweiten Mannschaft geworden. Nun gut, es ist nur die 2. Kreisklasse, die zudem auch noch gerade in der Winterpause steckt. Außerdem wurden mir die Krampfadern herausgenommen, weshalb ich nicht gespielt, geschweige denn trainiert habe. Aber was heißt das schon?

„Spieler des Monats" hat in meinen Ohren einen Klang wie für Albert Einstein der Titel Nobelpreisträger!

Es ist Samstag. Alle haben am nächsten Tag frei und Langensalza verfügt über einen Bahnhof, der mit dem Zug erreicht werden kann, was die Vorfreude weiter steigert.

Acht Fans des FCW sind zunächst schockiert, als sie den Bahnhof erreichen. Die Bahnhofskneipe mit dem schönen Namen „Hattrick" hat geschlossen. Für immer. Eisenach geht es 2007 richtig an den Kragen. Das Theater steht kurz vor der Schließung, der Flugplatz soll einer fusionierten Großgemeinde zugeschanzt werden, und die Stadtkasse leidet an Unterernährung. Wer aber, wird wiedermal zuerst geärgert? Der Fußballfan. Unser Bahnhofspub war uns heilig und er war widerstandsfähig. Er hat Kaiser, Führer und Generalsekretäre überlebt. Vor unserem jetzigen Wohlstandssystem aber musste er kapitulieren. Ruhe in Frieden, liebe Mitropa!

Am Kollegen Fahrkartenautomat der nächste Schock: Das Hopperticket kostet seit Januar 2007 nunmehr 6 Euro. Bambi, der Hertha-Fan, steht neben mir. Der Fahrkartenschalter ist nicht besetzt und der Automat macht sich nichts aus mäkelnden Reisenden. Also beschwere ich mich bei einem Hertha-Fan. Schließlich ist die Bahn Trikotsponsor des Berliner Bundesligisten:

„Hey Bambi, Mehdorns Sponsoring hat Auswirkungen bis in die Knackwurschtliga und kostet uns ganz schön Geld! Zerschneide sofort deinen Mitgliedsausweis!" Bambi zuckt nur die Schultern: „Is doch fürn guten Zweck und dient dem Willen des Volkes!"

13.06 Uhr rollte der Regiozug aus dem Eisenacher Bahnhof. Hinter Wutha kommt die Fahrkartenkontrolle, für die ich gleich eine Schätzfrage parat habe. „Muss ich als *Spieler des Monats* auch bezahlen?" Sie schätzt, ich muss. Bambi hält der Schaffnerin seinen Hertha-Ausweis unter die Nase. Auch umsonst. Sie mag die Hertha wohl nicht. Einmal umsteigen in Gotha und 10 Minuten vor Anpfiff sind wir in der gegnerischen Stadt. Den Weg zum Stadion nehmen wir aus Zeitgründen im Taxi und sind daher pünktlich vor Ort.

Den Spielern ist die Freude über den Rückrundenstart deutlich weniger anzumerken als den Zuschauern, die zumindest für Bezirksligaverhältnisse recht zahlreich erschienen sind. Beide Vereine haben schon besseren Fußball gesehen. Langensalza und Eisenach bestritten schon Zweitligaspiele gegeneinander. Heute zählen sie in ihrer Spielklasse immerhin zur Elite. Wenn der 3. den 2. empfängt, ist der Begriff „Spitzenspiel" wohl angebracht. Wenn man aber Zeuge dieser Begegnung war, wird man ganz schnell nach einer anderen Bezeichnung suchen, für das was beide Mannschaften da unten auf dem Rasen trieben.

Ich habe Frösche hüpfen sehen, die sich eleganter bewegten als die Spieler. Chancen gab es in der ersten Halbzeit eigentlich keine. Dass es trotzdem 1:0 für die Gastgeber stand, obwohl sie sich eigentlich nur in ihrer Hälfte ihrer Haut wehrten, hatte mit einem Treffer zu tun, der zu 90 Prozent ein Eigentor war. Ein FCW-Verteidiger verlängert einen Ball der Einheimischen in den eigenen Strafraum, wo ihm der Torwart der Eisenacher am Boden liegend den Hintern zudrehte. Torjubel der Einheimischen und einiger Stedtfelder, die erst am Sonntag spielten und sich hier auf der Suche nach schadenfreudigen Endorphinausschüttungen waren.

Sie sollten nicht enttäuscht werden. In der zweiten Hälfte dieser Rasenmalträtur ergab sich dasselbe Bild. Langensalza verteidigte den Vorsprung und Eisenach hatte keine Idee, wie man aus

optischer Dominanz Tore zaubern könnte. Die Tore 2 und 3 resultierten aus Kontern der Gastgeber und konnten, wenn schon dem Spiel keinen Glanz verleihen, so doch den einheimischen Fans den Nachmittag versüßen.

Beim FCW-Anhang musste da schon der ein oder andere Liter Bier herhalten. Nach dem 0:3 in der 70. Minute begann der Eisenacher Fan-Exodus. Zum Schluß waren es nur noch 4 FCWer, die sich den schadenfrohen Blicken der restlichen Zahlenden ausgesetzt sahen.

Beim FCW würde in den nächsten Monaten sicher niemand vom Aufstieg sprechen, auch nicht der Trainer, der nun wutentbrannt aus einem Auto stieg und sich für die Leistung der Mannschaft entschuldigte. Der Mann war im Gesicht verfärbt wie unser Erdtrabant bei der Finsterniss in der letzten Nacht.

Wir schlenderten zum Bahnhof zurück. Langensalza hat auch keine Bahnhofskneipe, aber dafür sind sie jetzt wenigstens Tabellenzweiter der Knackwurschtliga. Die Rückfahrt verlief deutlich anders als die Hinfahrt. Micha war plötzlich sehr müde und Silvio wollte ständig einen Uffta zelebrieren. Jenen Hüpfgesang, den die BFCer einst im Fußballstadion salonfähig gemacht haben und der auf einem Stimmungshit von Toni Marschall basiert. Dirk und ich hatten keine Lust und Micha war eingeschlafen.

In Gotha angekommen. Beim Einsteigen in unseren Zug wurde Silvio Zeuge eines Gesprächs zwischen einem hessischen Fahrgast und dem Schaffner. Der Reisende war ebenso müde wie Micha und hatte die Station Eisenach verschlafen. Er wollte wissen, ob er diesen Zug zurück nehmen könne und ob er Strafe zahlen müsse. Silvio war schon die Uffta nicht gegönnt worden, also beschloß er, sich auf andere Art zu amüsieren. Er stellte sich dem schon wieder eingeschlafenen Hessen als Fahrkartenkontrolleur in Zivil vor und verlangte seinen Fahrausweis zu sehen. Der Hesse war sichtlich irritiert: „Isch hab doch vohin scho mit ihne ihre Kollesche gesprochen. Dee hat gesachd des des in Odnung gehd?"

Silvio setzte eine strenge Amtsmiene auf und antwortete streng: „Ich sehe hier keinen Schaffner. Dafür sehe ich aber einen Fahrgast ohne gültigen Fahrausweis."

Micha, der sich von seiner Teilzeitschwäche wieder erholt hatte und eben gerade vom WC zurückkam, stellte sich nun ebenfalls vor: „Guten Tag, ich bin vom privaten Sicherheitsdienst „Knüppelglück". Was gibt's denn für Probleme?" Der Hesse wirkte eingeschüchtert. Micha, der meist schwarze Lederkleidung und eine Frisur ohne Haare trug, sah tatsächlich wie ein Wachdienstmitarbeiter aus. Außerdem hatte der Hesse sicher von diesen Ein-Euro-Jobbern gehört, die im Osten zur Gewährleistung der Sicherheit eingesetzt wurden, damit sie wenigstens mit irgendwas beschäftigt waren. Das würde auch die Dunstglocke aus Alkohol erklären, in die die Beiden das Abteil hüllten.

„Hier gibt's Probleme" antwortete Silvio indes auf die Frage Michas, als wären die beiden sich gerade erst zufällig begegnet. „Der Mann kann keinen gültigen Fahrschein vorweisen. Angeblich hat er die Erlaubnis eines Schaffners, ohne zu reisen. Ich sehe hier aber keinen Schaffner".

Nun setzte auch Micha ein strenges Gesicht auf. „Wenn sie sich weigern, für die Beförderung zu zahlen, müssen wir sie leider in Eisenach verhaften und mit auf die Wache nehmen."

Dem Hessen stand die Panik im Gesicht, er wollte ganz bestimmt auf keine ostdeutsche Wache. Sicher erzählte man sich bei ihm Hause, dass es da zugeht wie in den JVA der Türkei. „Nee, nee. Lasse se mal. Um Gottes Wille. Isch will ja zahle. Isch will bloß ka Ärscher!"

Silvio zog sein Handy aus der Tasche und meinte: „Ich muss vorher mit meiner Dienststelle telefonieren." Dann sprach er in sein Handy: „Ja? Äh. Kontrolleur Knipsfreund hier. Im Zug zwischen Gotha und Eisenach, ja! Wir haben hier einen Schwarzfahrer. Also jemandem der Eisenach verschlafen hat und nun über Gotha zurück will....Ja.

....Ja....Hm ja. ....Ok....5 Euro?.....Ja....Gut... Auf was? Ach ja, auf Wiederhören." Und wieder zu dem Hessen gewandt verkündete er: „Ich muss sie mit einem Beförderungsentgeld in Höhe von 5 Euro belangen. Sind sie damit einverstanden?" Der Hesse war einverstanden. Er zahlte den 5er und Silvio gab ihm dafür sein Hopperticket, damit er sich im Falle einer neuen Kontrolle ausweisen könne und keine Probleme bekomme.

Über dieses Intermezzo waren wir in Eisenach angekommen und legten hier nun die 5 Euro zur Stärkung der kommerziellen Gastronomie an.

Der Hauptmann von Köpenick ist tot! Es lebe der Schaffner von Eisenach!

Kapitel 18

Pessimismus

Viel Gutes gab es über unseren FCW in der lokalen
Presse der Nachlangensalzawoche nicht zu lesen.

Von einer saft- und kraftlosen Truppe konnte man lesen oder vom Ende aller Meisterschaftsträume. Und
tatsächlich: Ein Blick auf die Namen der kommenden
Gegnerschaft konnte einem Angst machen. Das vorde-
re Drittel der Tabelle wartete darauf, den FCW-Cracks
das Maul zu stopfen.

Den Anfang würde Gerstungen heute machen. Ich hätte nach dem blamablen Auftritt der Vorwoche nicht
gedacht, dass 300 Zuschauer zum Hartplatz, zur „Eisenacher Schmirgelscheibe" kommen würden. Entweder
lasen die keine Zeitung, oder sie glaubten den Abge-
sängen der Journaille nicht. Die Spieler des FCW jedenfalls gaben sich in der ersten Halbzeit alle Mühe,
die geschriebenen Schmähworte zu bestätigen. Enga-
giert, bemüht, aber ohne sich den Luxus herausgespiel-
ter Chancen zu gönnen, wirkte das Agieren der Wabu-
Städter eher hilflos als überlegen. Und ebenfalls wie in
der Vorwoche markierte der Gast mit seiner ersten
nennenswerten Chance die Führung.

Neben mir steht Judy und knurrt: „Von wegen Gipfel-
treffen am letzten Spieltag. Das hat sich der Spielan-
setzer so gedacht, aber der FCW sagt sich wohl: Euch
scheißen wir was!"

„Und wenn schon", gebe ich zurück. „Dann schonen
wir wenigstens unsere Nerven, weil wir eine ruhige
Rückrunde haben."Judy gehört zu den strengsten Pessimisten im Umfeld des Clubs. An FCW-Siege glaubt
er meist erst, wenn nur noch 10 Minuten zu spielen
sind und der Club mit mindestens 4:0 führt. 10 Punkte

Eisenacher Vorsprung in der Tabelle tut er bloß mit einer abfälligen Handbewegung ab. Und er scheint recht damit zu haben. Kein Winterpausenvorsprung war den Wartburgstädtern in den letzten Jahren komfortabel genug, um als erster durchs Ziel zu gehen.

Und Judy weiß wovon er redet. Er war nach der Wende einer der ersten, die wieder ins Wartburgstadion gingen, als andere noch ihr Begrüßungsgeld im Frankfurter Waldstadion ausgaben.

Er war immer einer der besten Schüler an der 8.POS im Goethegettho von Eisenach. Außerdem war er als Dynamosportler im Fechten so gut, dass er sogar an die Sportschule des SC Dynamo nach Berlin delegiert wurde. Dort kam es irgendwie zum Bruch. Seine schulischen Leistungen waren zwar immer noch tadellos, aber er wurde undisziplinierter, um nicht zu sagen aufmüpfig. Die Pubertät mochte daran schuld sein. Vielleicht auch der falsche Umgang. Schließlich wurde er nach Eisenach zurückdeligiert. Hier fing er an, den Rot-Weiß Erfurt zu Auswärtsspielen zu begleiten mit jenen Eisenacher Rowdys, die

damals der berüchtigten Ostkurve im Erfurter Stadion angehörten. Wenn man Judy so erzählen hört, war diese Klientel nicht gerade darauf aus, sich im SED-Staat anzupassen. Sie fuhren meist schon immer am Vorabend einer Partie in die gegnerische Stadt. Dumm nur, dass damals noch samstags Schulzwang bestand. Daher fehlten Judy und einige seiner gleichaltrigen Kumpel immer öfter, wenn der RWE auswärts spielte. Sie bezahlten selten Geld auf ihren Bahnfahrten. Wenn sich ein Schaffner näherte, gingen sie im Zug ganz nach hinten, um beim nächsten Halt auf dem Bahnsteig ganz nach vorne zu gehen und wieder einzusteigen. Manch einer von ihnen war zum laufen zu faul und schloß sich lieber auf dem Klo ein.

Wenn sie endlich in der Stadt des Gegners angekommen waren, stellten sie ebenfalls nur Unsinn an.

Eines Morgens, es war im Frühjahr und der Nebel hing noch in den Gassen, kamen sie im verschlafenen Riesa an. Alle Geschäfte, alle Kneipen – einfach alles war zu! Kein Mensch ging spazieren oder mit seinem Haustier Gassi. Nur eine Bäckerei wurde gerade beliefert. Der Fahrer des LO's war nirgendwo zu sehen. Möglicherweise saß er mit dem Bäckermeister zur Kaffeepause. Judy und seine Kumpane hatten noch nicht gefrühstückt. Also griffen sie sich ein paar Brötchen. Es wäre sicher alles halb so schlimm gewesen, wenn es dabei geblieben wäre.

Doch leider hatte der Bäckerei-LO auch Kuchen und sogar Torten geladen. Einer der Rowdys hatte am Vorabend wohl einen Schwarz-weiß-Stummfilm gesehen und wollte nun wissen, wie eine Tortenschlacht in Farbe aussieht. Er war der erste, der mit einer Schwarzwälder Kirschtorte warf, aber nicht der letzte. 10 Minuten reichten aus, um sämtliche Werke deutscher Patisserie- und Konditoreikunst auf diesem LO zu profanen Wurfgeschossen zu degradieren.

Dass die Volkspolizei die Täter nicht noch am selben Tag ermittelte, grenzt an ein Wunder. Zumal die Buttercremeflecken auf den Jeansjacken der Ostkurvler in der warmen Frühlingssonne schnell ranzig wurden und jede Menge Insekten anlockten. Vielleicht hinderte ja auch der faulige Geruch geronnener Eiercreme die Vopos daran, die Tortenkrieger gefangen zu nehmen.

Und so oder so ähnlich ging das jeden zweiten Samstag: Schaffner veralbern, derbe Späße mit den Einheimischen treiben und Prügeleien mit gegnerischen Fans anzetteln. Judy war schon lange vom Karriereweg in jene Büros, in denen die Geschicke der Republik gelenkt wurden, abgekommen.

Nach der Wende fiel er nur noch einmal auf. Natürlich bei einem Auswärtsspiel des RWE. Diesesmal aber im hessischen Fulda. Sie waren gerade in der Johannesaue, dem Spielort der heimischen Borussia angekommen und warteten darauf, dass der Gästesektor geöffnet wurde, als eine martialisch aufgerüstete Polizeieinheit an ihnen vorüber trabte.

Irgendetwas an den Beamten musste Judy gestört haben, denn plötzlich skandierte er lautstark: „Hessenpolizisten- Mörder und Faschisten!" Das nahmen sie ihm übel. Judys Flucht war schnell zu Ende, denn er ist seit dem Besuch der Dynamo-Sportschule keiner sportlichen Betätigung mehr nachgegangen. Erbost fragte ihn der Einsatzleiter: „Wollen sie bestreiten, uns Faschisten genannt zu haben?" Judy hatte seine Selbstsicherheit und vor allem den Glauben an seine intellektuelle Überlegenheit längst zurückgewonnen. Souverän konterte er: „Das will ich nicht! Weil du gar nicht weißt, was ein Faschist im eigentlichen Sinne ist!"

Der Staatsanwalt wußte es scheinbar auch nicht oder er ließ nur seine Wahrnehmung gelten. Jedenfalls durfte Judy an die Staatsanwaltschaft 750 Euro zahlen. Es war das letzte Mal, das Judy mit einer anderen Mannschaft als dem FCW ein Auswärtsspiel besuchte. Nun steht er mürrisch neben mir und wartet darauf, dass für den Eisenacher Club bessere Zeiten anbrechen.

Der FCW berannte in der zweiten Halbzeit wenn schon nicht das Tor der Gerstunger, so doch wenigstens deren Strafraum. Vor einem Jahr gewannen die Gerstunger bei einem Chancenverhältnis von 2:10 mit 2:1 auf der Schmirgelscheibe. Diesesmal hatten sie mehr Pech. Björn Venter nutzte seine erste Chance zum 1:1, was die Gäste zunehmend verunsicherte. 3 Minuten vor Schluß erzielte Stötzel mit einem Volleyschuß in den

Winkel das 2:1. Und nur drei Minuten später patzte der Gerstunger Torwart bei einem Abschlag 3:1.

Nach Minuspunkten liegt Wabu-City 5 Punkte hinter dem Spitzenreiter, doch der Weg ist noch zu lang und vor allem zu schwer, um unserem FC noch reelle Chancen einzuräumen.

Kapitel 19

Gut Ei und Kickerikie!

So lautet der Schlachtruf beim größten Frühlingsfest Deutschlands. Und er war in diesem Jahr schuld daran, dass der größte Teil der FCW-Fans ihren Club nicht nach Erfurt begleiteten, sondern sich auf der traditionellen Fanparty in der Eisenacher Weststadt trafen.

Der Club wollte das Spiel nicht verlegen lassen und die Sommergewinnszunft nicht das Fest. Da sich der März auch nicht überreden ließ, noch einen Monat zu warten, schenkten wir dem Eisenacher Volksfest unsere Gunst.

Der Sommergewinn fängt für die Weststädter schon am Freitag an. Sie schmücken ihre Häuser mit Unmengen farbiger Kreppblüten, um die Preise der Zunft, die den Brauch der Hausdekoration zum Wettbewerb erhoben haben, einzuheimsen. Hat man sein Haus fertig geschmückt, geht man daran, sich selbst zu schmücken, und die ersten geistigen Getränke des Wochenendes werden fällig.

Hier im Westend der Stadt hat das Fest seine eigentliche Heimat. Die Gegend wird „Stiegk" genannt, wir Eingeborenen demzufolge „Stiegker". Die Gemeinde „Ehrensteig" wurde erst 1850 der Stadt Eisenach einverleibt. Bis dahin hatten die Stiegker keinen guten

Ruf. Sie waren samt und sonders Leibeigene, die Frondienste auf der Wartburg und Botengänge für die Obrigkeit zu verrichten hatten. Sie besaßen oft nicht mehr als das, was sie am Leib trugen.

Der Name „Stiegker" war im Eisenach des vorletzten Jahrhunderts etwa gleichbedeutend mit Halunke, Taugenichts oder Tagedieb.

Ihre Kinder waren Taschendiebe, sie selbst oft trunksüchtig. Weil niemand etwas mit ihnen zu tun haben wollte, besaßen sie sogar einen eigenen Knast am Eisenacher Markt mit dem Namen „Eule".

Doch auch schon damals pflegten sie den heidnischen Brauch des Winteraustreibens. Man rollte brennende Feuerräder von Stroh von den Bergen, was der Kirche zwar immer ein Dorn im Auge war, aber trotzdem nie unterdrückt werden konnte. So hat sich der heutige Sommergewinn entwickelt, der schon am Freitag bei den Stiegkern beginnt.

Am späten Abend skandieren die ersten Stiegker den Schlachtruf „Gut Ei und Kickerikie", der nicht etwa suggerieren soll, dass in Eisenach die Hähne Eier legen, sondern sich auf den Hahn und das Ei als überlieferte Symbole des Sommergewinns bezieht. Der Hahn als Verkünder des Morgens, das Ei als Fruchtbarkeitssymbol.

Samstag früh um halb sieben ist mein Nachbar Peter wach geworden. Er verliert keine Zeit und weckt seine Mitbewohner, Gäste und Nachbarn mit der Sommergewinnsparole „gut Frühstücksei und Kickerikie!"

Der Tag beginnt ähnlich dem einer Kirmes mit einem Frühschoppen. Blaskapellen spielen Ständchen und werden mit Schnäpsen belohnt. Die Preiskommission der Zunft inspiziert den Häuserschmuck und nimmt die Bewertung vor. Um ihnen diese Arbeit zu erleichtern, gibt es auch hier vor einigen Häusern hochprozentiges Sommergewinnsdoping.

Die Germanen marschieren zum Aufstellplatz für den Festzug, der sich ab um zwei durch die Weststadt zum Markt wälzt, wo das Streitgespräch zwischen Sunna und Winter stattfindet. In dessen Verlauf wird der Winter erst verbal zur Sau gemacht und später in Form einer Strohpuppe verbrannt wird.

Die ersten Gäste der Party trudeln ein. Hafer und Christian haben den größten Durst und wir besuchen den Stand des FCW, an dem Ulli, unser Vereinsgeneral, Bier ausschenkt. Er hat gerade mit einer Hygiene-Inspektion zu kämpfen und muss sich ins Zeug legen, die beiden Hyänen zu besänftigen. Sie haben heute schon zwei Stände geschlossen und sind auf Stress gebürstet, doch Ulli hat nicht nur Generalsqualitäten. Wenn er will, kann er zu einem Charmbolzen mutieren, der den jungen Johannes Heesters, den nüchternen Robby Williams und den netten Günther Jauch von nebenan in sich vereinigt. Ulli verkauft an FCW-Anhänger das Bier für einen Euro, die Touris müssen Einsfünfzig blechen. Es gibt nicht wenige im Verein, die ihm solche Kulanzanwandlungen nie zugetraut hätten.

Nun kommt auch Ralph und wir gehen zurück zu unserem Partyareal. Ein Euro-Bier ist lecker - Freibier aber unbezahlbar. 50 Liter davon warten darauf, auf den Kreislauf durch die Nieren trinkfester Männer gejagt zu werden.

Die Höfe meiner Nachbarschaft füllen sich ebenfalls mit Partygästen und immer öfter und immer lauter ist die Losung des Tages zu hören. „Gut Ei und Kickerikie!"

Blasmusik schwappt durch die Gasse - sie kündet vom nahenden Festzug. Früher ritt immer ein Herold vorneweg, der vielen durch seinen großen Schwankradius im Sattel auffiel. In diesem Jahr fehlt er ganz und einige Gäste beginnen sich zu fragen, ob ihm der Frühschoppen in diesem Jahr nicht bekommen ist.

Als die Germanen ihr Feuerrad an uns vorüberrollen, ist beim Spiel Lok Erfurt – FCW gerade Pause. Die Germanen sind in diesem Jahr
noch gut auf den Beinen, fällt meiner Freundin auf. Das war nicht immer so. Im letzten Jahr hielten sie sich mehr am Feuerrad fest, als es zu bewegen, so wie manche Rentner, die nicht mehr so gut zu Fuß sind, deshalb eine rollende Gehhilfe nutzen, um sich zu stützen. „Gut Ei und Kickerikie!", rufen sie uns zu und aus einem Fass Bier, dass sie mit sich führen, bekommt Tino eine Kostprobe. Wohl, weil sich die letzte Nacht in sein Gesicht gegraben und das Mitleid der Fellmänner geweckt hat.

Mein Handy klingelt. Benito teilt mir den Halbzeitstand beim Spiel 4. gegen 3. aus Erfurt mit. Es steht 3:0. Doch nicht etwa für Erfurt, sondern für den FCW! Die Fans glauben es nicht, weil sie nicht können. Eine Mannschaft, die zuletzt zweimal enttäuscht hat und ersatzgeschwächt angereist ist, soll dermaßen klar in Führung liegen? „Wir dürfen wahrscheinlich nicht mehr mitfahren. Ohne uns läufts wohl besser", meint Bambi kopfschüttelnd.

Der Wagen der Sunna, die den Sommer symbolisiert, rollt vorüber. Sie hat sich in den letzten Jahren immer einiges an Provokationen anhören müssen von den FCW-Fans. Abgesprochenes Ergebnis, Wettbewerbsverzerrung, Manipulation, unsportliches Verhalten sind ihr und der Zunft vorgeworfen worden. Der Zunft selber wurde deswegen auch schon mal das Schimpfwort „Mafiabande" an den Kopf geworfen. Die FCW-Fans leiden mit dem Winter, weil er der von allen gehasste

Underdog ist, der in jedem Jahr beim Sommergewinn chancenlos bleibt.

Die „Hautkrebsverursacherin" wird wieder das Streitgespräch gewinnen. Sunna lächelt den Menschen zu und winkt freundlich. Die FCW-Fans skandieren: „Wir wolln Frost! Wir wolln Frost!" Und als der Wagen des Winters vorüberrollt, fehlt es nicht an jenem rauherben herzlichen Zuspruch, den sonst die FCW-Spieler in der Bezirksliga geniesen: „Streng dich mal ein bischen an! Dieses Jahr geht was. Du musst nur wollen!"

Der Zug ist vorüber und wir erfahren den Endstand aus Erfurt. 4:0 gewinnt unser Club das Spitzenspiel. Und das obwohl in der zweiten Halbzeit Torjäger Venter für den verletzten Sobieray zwischen den Pfosten steht. „Gut Ei und Kickerikie!" Der FCW sendet ein Lebenszeichen. Ein dickes. Ein fettes. Eines, das den verstohlenen Blick in der Tabelle wieder nach oben zulässt.

Jetzt ist Zeit für Kartoffelsalat, Bratwurst und Hackklopsen. Mein Nachbar Peter schaut auf ein Fassbier vorbei. Ihm stehen die Strapazen des Festes deutlich ins Gesicht geschrieben, aber seine Stimmbänder sind in Ordnung, im Gegensatz zum letzten Jahr, als das viele „Gut Ei..." bei ihm in eine Stimmbandentzündung gipfelte. Er ist ein Stiegker wie aus dem Lehrbuch, gesellig, unterhaltsam und trinkfest. So langsam dämmert der Abend und die Party neigt sich dem Ende entgegen - für den heutigen Tag.

Morgen wird sie fortgesetzt, wenn dem Kater mit dem restlichen Bier zu Leibe gerückt wird. Der Winter hat wieder nicht gewonnen, der FCW dagegen schon!

Kapitel 20

Fahrscheu

Eintracht Kirchheim ist ein typischer Unterklassenverein vom Dorf. Was im großen Fußball die russischen Ölgötzen sind, füllen in der Knackwurschtliga Mittelstandsunternehmen aus. Mit ihnen steigen und fallen die Vereine. Kirchheim hatte sich schon bis in die fünftklassige Landesliga hochgemogelt. Als der Dorfoligarch Insolvenz anmelden musste, bedeutete das den Absturz der Eintracht bis zurück in die Kreisliga. Solche Schicksale geben sich allsaisonal im Niederklassenuniversum die Klinke in die Hand. Immerhin sind die Kirchheimer gleich im ersten Jahr wieder um eine Liga geklettert und durften daher heute unseren ruhmreichen Klub empfangen.

Der Treffpunkt „Bingo" hatte in der Winterpause den Besitzer gewechselt, was uns nur peripher tangierte, weil der alte Chef ein Trottel war und wir den Neuen noch nicht kannten. Viel wichtiger war die Transportfrage. Zehn, Zwölf Fans waren schon da und niemand schien auf sein Bier verzichten zu wollen. Otto wollte mit seinem Van fahren. O.K., der konnte sieben Mann mitnehmen, aber was war mit dem Rest? Swörzi baggerte mich an: „Was issn mit Dir? Du trinkst doch kein Bier, da kannste doch au fahrn."

„Hab kein Auto"

„Unn Tino?"

„Der brauch seins selbst."

Angeblich war sein Auto kaputt. Aber er wollte unbedingt nach Kirchheim und er hatte Durst! Also holten wir sein Auto und ich fuhr.

Eine halbe Stunde Fahrzeit mit Swörzis „kapputtem Auto" und wir waren in dem Dorf westlich von Arnstadt angekommen. Meine Fahrgäste benahm sich gleich nach der Ankunft wie ein Rudel verwilderter Hunde, indem sie sofort ihre biergeschwängerten Marken an das Vereinsheim setzten, was den Leuten hinter den Fenstern gründlich den Appetit verdarb. Jedenfalls konnte man das an ihren angewiderten Gesichtern ablesen.

Wir waren pünktlich zum Anstoß am Sportplatz. Und das Spiel begann fulminant. Drei Chancen für den FCW und auf der Gegenseite ein Kopfball den der Eisenacher Keeper von der Linie kratzte. So jedenfalls glaubte er und so glaubten die Eisenacher Fans. Doch alle hatten ihre Milchmädchenrechnung ohne den Linienassistenten des Schiris gemacht. Der Kerl besaß nämlich die Frechheit, auf Tor für die Eingeborenen zu entscheiden. Die Eisenacher protestierten doch ihr Trainer brüllte übers Spielfeld: „Weitermachen!! Tor ist Tor!!" Was für eine ausgelutschte Worthülse, und trotzdem hatte er recht! Das fanden seine Schützlinge auch und markierten postwendend den Ausgleich. Das Spiel wogte nun hin und her. Hohe Kunst kann man in der siebten Bundesliga nicht erwarten, spannende Spiele dagegen hin und wieder schon.

Dieses heute zählte dazu.

In der Halbzeitpause hatte ich Gelegenheit mich umzusehen. Nicht weit von mir, stand eine Frau die offensichtlich keine weite Anreise hatte, denn sie trug Hauslatschen. Ihr Senkstruma hatte seine Ausläufer bis in ihre Arschbacken ausweiten können. Wenn ihre schinkengleichen Waden nicht so schweinchenrosa unter der Kittelschürze hervordominieren hätten, hätte man sie mit einer riesigen Energiesparlampe verwechseln können. Die rosa Farbe verdankte sie einem Kleidungsstück, das anderswo so out ist, dass es mittlerweile wieder auf den Laufstegen dauerbesoffener

Modeschöpfer wiederzufinden ist: Einem Paar fleckiger Leggings das mit der Aufgabe, ihre aggresiv wuchernde Zellulitis glatt zu ziehen, den Idealzustand der Vollbeschäftigung erreichte. Eigentlich hätten ihr nur noch ein paar Lockenwickler als Krone gefehlt und die perfekte Klischeedorfmaid wäre perfekt gewesen. Doch dann wäre dem Betrachter der Blick auf eine traumhafte Dauerwelle entzogen worden, und der war ein absolutes Muss! Die Lockenpracht war an ihren Enden in der Auflösung begriffen. Ein Indiz dafür, dass sie entweder mit ihrem Friseur im Streit lag, oder dafür, dass sie ihn aus einem anderen Grund seit mindestens einem Vierteljahr ächtete. Was von ihrem Haarbüschel, den sie infolge dessen einfach nur so aus ihrem Kopf herauswachsen lies, übrig war, umschmeichelte ihren massigen Gesichtszügen auf eine Weise, die ihr ein Aussehen gab, als hätte sie in irgendeinem Dorfgraben einen alten Wehrmachtshelm gefunden, den sie immer dann trug, wenn sie sich selbst die Haare schnitt. Sie stand am Bierstand und trank mit ein paar ihr scheinbar vertrauten Gummistiefelträgern im Blaumann und mit Cordhüten auf den Halbglatzen in kurzen Intervallen kleine Flachmänner mit durchsichtigem Inhalt. Das Grüppchen hatte gute Laune, denn ihre Wangen und Nasen hatten eine signalrote Farbe gewonnen. Die zweite Halbzeit begann wieder mit einem offenen Schlagabtausch beide Mannschaften hatten das 2:1 auf dem Ski, doch beide Sturmreihen hätten an diesem Nachmittag eine Binde mit drei schwarzen Punkten verdient gehabt. Enttäuschung pur auf Eisenacher Seite und ein FCW- Kapitän der seine Binde ins Gras warf und seinen Kollegen unterstellte eine „Scheiß-Truppe" zu sein. Auf der Heimfahrt wurde naturgemäß nur wenig gesprochen, wenn man mal von Swörzi absehen will, der durch den Konsum zahl-

reicher Pilsgetränke das Plapperstadium erreicht hatte
und nun pausenlose Monologe über Ska-Musik hielt.
Als wir in Eisenach mit seinem „kaputten Auto" an-
kamen, meinte er leutseelig:
„Ist doch n gudes Audo, oder nich Matthias? Für zwei-
tausend Euro isses Dir."

Kapitel 21

Vom Greinen und vom Schäfer

Vor zwei Spielzeiten hat Stedtfeld mit dem Aufstieg in
unsere siebente Bundesliga den größten Vereinserfolg
der Geschichte erreicht.
Noch höher bewerten aber die Einheimischen die Tatsache, dass es die Eisenacher in dieser Zeit keinesfalls
für nötig gehalten haben, den Hörseltalern die drei
Punkte streitig zu machen. Gleich beim Auftakttreffen
vor zwei Jahren kassierte der FCW eine 2:5-Exekution
auf eigener Walstatt, worauf sieges- und biertrunkene
Dorfsupporter übermütig Triumphsprechchöre lallten.
„Hi, Ha, Ho – Motor ist K.O.!!"
Das Rückspiel geruhten die so Geschmähten ebenfalls
mit 1:2 in die Socken zu setzen. Ungehaltene Städter
und leichtsinnige Dörfler warfen sich Schmeicheleien
an den Kopf, und um Dünnhaaresbreite wäre es zu
nonverbalen Debatten gekommen. Der Radau bahnte
sich schon vor dem damaligen Match an.
Der FCW-Anhang nutzte die lokale Geographie des
Sportplatzes in Stedtfeld, um am 1. Mai eine Wande-
rung in das Nachbardorf der Wartburgstadt zu unter-
nehmen. Es war wie an Himmelfahrt, nur ohne alberne
Hüte und Klingelspazierstöcke.
Reichlich angeheitert, traf der Wandermob auf dem
Feldsportplatz ein und nahm unter einem Schild mit

der Aufschrift „Meckerecke“ Grundhaltung ein, ge-
spannt darauf, welche Schafe hier geweidet werden
sollten. Grundhaltung, das bedeutet in der Bezirksliga:
Eine Hand in der Hosentasche, die andere am Bierbecher. Ein Ordner wollte die Eisenacher auf die
Gegenseite komplimentieren, doch
diese lehnten ab, weil auf dieser Seite die Verkehrsan-
bindung zum Bierstand einfach optimaler war. Um es
vorweg zu nehmen: Unter dem ominösen Schild sollten keine Pulloverschweine grasen, sondern die Hard-
coreklientel der einheimischen Fans ihre Mannschaft
nach vorne blöken.

Und dahinten kamen sie auch schon, leicht zu erken-
nen an jenem Habit starker Charaktere, der sich nicht
die Bohne um modische Konventionen schert. Jeans-
hosen ohne Gürtel, die daher derart viel freizügigen
Spielraum bieten, dass die Unterwäsche der Träger in
den Genuß von reichlichem Frischluftkontakt kommt.
Den ersten Sonnenbrand der Saison holen sich die
Freunde dieses legeren Stils meistens am Nordausgang
ihres Maurerdekolltés.

Nicht weniger fallen die zeitlosen Frisuren einiger
Modemuffel auf, die den Vergleich mit einer aufgeris-
senen Seegrasmatratze nicht zu scheuen brauchen.
Auch sie hatten einen Frühschoppen zur Ehren des
Kampf- und Feiertages des internationalen Proletariats
vollzogen. Gefeiert hatten sie heute früh. Gekämpft
sollte am Nachmittag werden. Wohl lustig ist es zu
schauen und zu hören, wie sich Fans der Knackwurschtliga vollpöbeln, zumal wenn ihr Zustand mit
angenüchtert nur untertrieben beschrieben ist. Bedenk-
lich ist es dagegen, wenn sich manche von ihnen für
etwas Besonderes halten, wie jener kahlköpfige End-
vierziger in seinem Aldiwühltischanzug und mit dem
Vertreterstrick um den Hals. Sein Krawattenknoten

schnürte ihm wohl die Luftzufuhr ab, was nicht unge-
fährlich ist. Man weiß was passiert, wenn das mensch-
liche Gehirn nicht mit Sauerstoff versorgt wird.

Bei unserem Freund hier kollabierten die Synapsen, als
Otto, einer der FCW-Anhänger, aus Verärgerung über
eine weitere vergebene Chance seines Clubs einen
leeren Plastbecher auf den Boden pfefferte.

„Das habe ich gesehen!! Ich bin hier der Ortsbürger-
meister und ich weiß, dass sie Betriebsrat bei Opel
sind! Ihr Verhalten wird Konsequenzen haben, dafür
werde ich sorgen!!", schwelgte dieser Möchtegern-
machtmensch in imaginär-omnipotenten Verbalge-
waltphantasien. Einige Städter wollten dem Oberschä-
fer der Meckerecke zur Hilfe eilen und ihm die
Krawatte lockern, doch der Ordnungsdienst des
Feldsportplatzes schätzte die Hilfsaktion merkwürdigerweise als aggresive Attacke ein und unterband eine
mögliche Verbrüderungsszene.

Nichts desto weniger ging das Spiel mit 2:1 an die
Haus- respektive Feldherren.

Weil der Ausflug damals schief ging und Fußballfans
abergläubig sind, wollten mehrere Eisenacher dieses
Jahr am Gründonnerstag ihren Club mit dem Rad nach
Stedtfeld begleiten. An diesem Tag sollten eigentlich
keine Belustigungen wie Fußball oder ähnliches stattfinden. Der Gründonnerstag trägt seinen Namen, weil
er der letzte Abend vor der Kreuzigung des Heilands
war. Er hieß deswegen noch im Mittelalter Greindonn-
erstag. Greinen sagte man früher zu Weinen. Der
Gründonnerstag ist also streng genommen ein Heultag
und keiner, an dem man lustig sein sollte.

Nun, wir hatten keinen Einfluß auf den Kalender der
Terminlenker. Also auf nach Stedtfeld!

Pünktlich zum Anstoß standen wir wie im Vorjahr neben der Meckerecke, wo auch heute wieder der O-berhirte zwischen seinen Schäfchen stand. Ohne Krawatte, dafür mit ähnlichem Modeinstinkt eingekleidet wie seine Schutzbefohlenen, wirkte er gleich viel volksnäher und menschlicher.

Der Sportplatzsprecher an seinem klobigen Kessel-Buntes-Mikrofon bestach zunächst durch einen wahren Wörtertsunami an Begrüßungen. Es sprudelte alles mit sich reißend nur so aus ihm heraus: „Und wir begrüßen Sponsor X, und wir begrüßen den
Trainer aus Bischleben Martin Iffarth, und wir begrü-ßen die Eisenacher Fans, und wir begrüßen Sponsor Y, und wir begrüßen Hinz und wir begrüßen Kunz..."
Sein Hang zur Turbokonversation nahm erst ab, als das Spiel begann.
Naja, eigentlich nahm er nicht ab, sondern endete abrupt wie eben ein echter Tsunami, wenn das Wasser wieder ins Meer
zurückgeflossen ist.
Der FCW begann das Spiel ebenso zornig, wie jenes im letzten Jahr. Mit einem Unterschied: Dieses Jahr gingen sie mit 1:0 in Führung. Rene Koch, unser eigentlicher Libero, schien sich im Training wohl zu lamentar über die Leistungen seiner Stürmer beklagt zu haben, worauf diese ihm geraten haben müssen, seinen Scheiß doch alleine zu machen. Sie hatten wohl nicht damit gerechnet, dass er genau dies zu tun bereit war. Ausgerechnet er besorgte den heutigen Siegtreffer zum 1:0 für Eisenach, denn anders als in den vorherigen Matches der beiden Teams nutzen die Stedfelder ihre Chancen nicht zu Toren.
Es war zum Greinen!

Kapitel 22

Menschennähe

Es ist Ostermontag, das Wetter ist gut und das Heimspiel gegen Ifta soll heute nachgeholt werden. In der Knackwurschtliga ist die Beziehung zwischen Club, Spielern und Fans deutlich intimer, als es in den wirtschaftlich dominierteren Spielklassen der Fall ist.
Steht man zum Beispiel im Frankfurter Waldstadion hat man kaum Kontakt zu den Spielern. Zäune, Ordner und die Polizei hindern den Fan der Mannschaft, seine Wertschätzung oder auch sein Missfallen persönlich zu übermitteln. Der Fan geht in seinen Block, grölt seine Schlachtgesänge im Chor mit andern Grölern, setzt sich nach dem Spiel in sein Auto, in die Tram oder S-Bahn und fährt wieder nach Hause. Der Spieler gelangt mit dem Auto oder im Mannschaftsbus in den VIP-Bereich des Stadiongeländes, zieht sich um, geht raus, spielt seinen Stiefel herunter, duscht und fährt wieder heim. Zu den Fans hat er höchstens mal Blickkontakt durch abgetönte Bus- oder Autoscheiben. Kurz: Man bleibt sich fremd.
Im Knackwurschtfußball wird die von so vielen höherklassigen Vereinen viel beschworene und beteuerte familiäre Athmosphäre real gelebt.
Die Spieler sind die ersten. die sich am Spieltag treffen. Meist ein, zwei Stunden vor Spielbeginn. Sie stehen in einer Runde zusammen, rauchen und unterhalten sich. Die Jüngeren über den vergangenen Discoabend, die Älteren über den samstäglichen Traditionsbesuch der Schwiegermama, der der eigentliche Grund
für ihr Fußballhobby ist. Gemeinsam oder einzeln gehen sie über das Spielfeld, den Zustand des Rasens mit

Kennerblick prüfend, um anschließend fast immer zum selben Urteil zu kommen: Ein Rübenacker! Eine völlig indiskutable Runkelhalde, die Fußballer unserer Klasse beleidigt. Denn eine Schwäche haben alle Fußballer der Welt gemeinsam, weil sie sonst keine richtigen Fußballer wären: Den festen Glauben daran, dass sie für ihre Verhältnisse in viel besseren Mannschaften spielen müssten.

Dann trudeln die ersten Fans ein. Meist Rentner, die froh sind, an die frische Luft zu kommen. Sie setzen sich nicht in den Zug, um hunderte Kilometer mit einem Frühschoppen zu überbrücken und um dann an einem fremden Bahnhof anzukommen, auszusteigen und Ole, Ole, Ole, Ole, Oleee zu brüllen. Ihnen ist es zu lästig, sich von unfreundlichen Uniformträgern kontrollieren und drangsalieren zu lassen. Das kennen sie noch aus dem Krieg und aus der Zeit danach zur Genüge.

Nein, die Wiederaufbaugeneration hatte in ihrer Jugend genügend Stress, weshalb sie heute nicht mehr auf der Suche nach Abenteuern, sondern nach Entspannung ist. Mittagessen, Mittagsschlummer, Mittagsbier – letzteres bitte im Stadion. Dort begrüßen sie die Spieler. Schulterklopfen für den einen, ein nettes Wort für einen anderen und eine Aufmunterung für einen dritten: „Spielst Du noch mal so 'ne Scheiße gibt's n Arschtritt!". Dann kommt der Trainer, und die Raucher unter den Spielern drücken schnell ihre Zigaretten aus. Was ihnen nichts nützt, weil sie von den Rentnern sofort angeschwärzt werden. Alte Verhaltensmuster aus der Zeit der HJ und der Zeit des fortschrittlichen Sozialismus.

Nun kommen die Gegner und die Gespräche verstummen. Argwöhnische, sorgenvolle, aber auch überhebliche und geringschätzige Blicke werden getauscht.

Mannschaftsleiter begrüßen sich und den Gästen wird ihre Kabine gezeigt. Man wirft seine Tasche in die Kabine und fällt nach einem flüchtigen Rundblick sein Urteil über die Gästekemenate. Ebenso wie beim Rasen fällt es bei allen Fußballern, die irgendwo zu Gast sind, unisono gleich aus: „Was für ein Stinkloch, was für eine jämmerliche Absteige! Hier drinnen würde ich nicht mal meine Besen verstauen und selbst mein Hund würde sich weigern, hier drinnen auch nur sein Geschäft zu verrichten!"

Jetzt treffen auch die Anhänger anderer Generationen ein. Fans, die in der zweiten, dritten oder vierten Generation hier zum Fußball gehen, die ihrem Klub die Treue halten oder auch nur deswegen ins Stadion gehen, weil man seine Freunde eben nur hier und am Samstagnachmittag alle auf einem Haufen trifft. Dann kommen die Alleinstehenden, die zu wenig Geld für höherklassigen Fußball haben und viel später, wenn Halbzeitpause ist, kommt die eintrittsgeldsparende Unterschicht. Weil die Bezirksliga sozialer eingestellt ist als die Kommerzligen, wird hier nur bis zur Halbzeitpause Eintritt kassiert.

Etwa 100 Iftaer begleiten heute ihre Mannschaft nach Eisenach, weil sie Angst haben, dass ihr gesellschaftlicher Dorfmittelpunkt im kommenden Jahr nur Kreisligafußball zu bieten hat. Im Wartburgstadion liefen sie auf, um alle drei Punkte mit ins Exgrenzgebiet zu nehmen.Wenn die Mannschaften zum Unterklassenbolz auf das Spielfeld laufen, gibt es keinen Chor, sondern einzelne Motivationsansprachen: „Heiko, alter Sack! Heut machste ma wieder ne Bude!" oder „Alex, du faule Sau, wenn du heute wieder nicht schwitzt, wirste nachher ausgepeitscht!"

Auch der Schiri wird begrüßt: „Reiss dich ja zusammen, sonst läufste nachher heim!"

„Grins nich so blöd. Wärst nicht der Erste!".

Ist das Spiel zu Ende, bleiben viele noch lange nach dem Schlusspfiff auf der Tribüne. Man wartet auf die Spieler, um die Einzelkritik von Mann zu Spieler auszuwerten. Die Experten, echte und selbsternannte, stehen beieinander und fachsimpeln. Die einen fachlich, die anderen simpel. Schonungslos direkt werden Schwächen erörtert und Stärken gerühmt. Es gibt Kritiker die unter Fußballern gefürchteter sind, als die Steuerfahndung bei Firmen mit Schwarzarbeitervollbeschäftigung.

Heute wird sich das Gezeter der Unzufriedenen in Grenzen halten, denn die Eisenacher gewinnen gegen Eintracht Ifta mit 3:1. Es muss kein schöner Fußball sein - nicht in der Knackwurschtliga. Ein Sieg des Lieblingsteams reicht völlig.

Kapitel 23

Luschi

Das Spiel gegen den SV Witterda soll ein weiterer Meilenstein werden auf dem Weg, den Abstand zum Throninhaber der Liga Bischleben zu verkürzen. Wunderschönstes Frühsommerwetter hatte wieder einige hundert Zuschauer zur Bezirksliga gelockt. Und es ging los wie Bolle! 4. Minute 1:0 für Wabu-City durch Hübner! Selbe Minute 1:1 für Witterda nach Fehler des Heimkeepers, und noch eine Minute später die erneute Führung für den FCW.

Ja, sind wir hier beim Handball!? Das dachten sich die Spieler wohl auch und ließen es für den Rest des Spieles ruhiger angehen. So ruhig, dass viele der Besucher Langeweile schieben wie Luschi zum Beispiel.

Luschi ist vor acht Jahren mein Kollege geworden, also ein Essenkurier, dessen Aufgabe es ist, Kindergärten, Schulen, Betriebe und Rentner mit Assiettenessen zu beliefern. Wenn man ihn das erste Mal sieht, wirkt er eher unscheinbar. Ein Allerweltstyp mit einem Allerweltsgesicht, einem Allerweltsbierbauch und einer Allerweltshalbglatze. Und er wirkt ein bisschen, als sei die Zeit in den achtziger Jahren für ihn stehen geblieben, als man noch schlecht sitzende Niethosen trug, aus deren Arschtaschen 90-Pfennig-Stielkämme ragten.

Er weiß wohl selbst keine Antwort auf meine Frage. Jene Frage, die ich mir immer dann stelle, wenn mir ein Allerweltsmittvierziger begegnet, der trotz schwerster Verluste

auf der Haupthaarfront einen Kamm spazieren trägt: Wofür der Kamm?

Das ist doch dasselbe, wie als 90jähriger einen Kondom in der Brieftasche zu haben, obwohl das Geld aus der Monatsrente für Viagra nicht vorne und nicht hinten reicht!

Luschi braucht kein Viagra. Noch nicht. Obwohl es sicher Zeiten in seinem Leben gegeben hat, in denen er sich gewünscht hat, auf das Zeug angewiesen zu sein und kein Geld dafür zu haben. Wie zum Beispiel an so manchem Monatsende, wenn auf dem Kontoauszug der Betrag an Kindergeld erscheint, den er jeden Monat an seine Frau überweisen muss.

Kurz vor der Pause ein Aufreger: Elfmeter für den FCW. Venter hat lange keinen Elfer versiebt, was auch heute nach dem Spiel so bleiben sollte. Das 3:1 war die Entscheidung heute Nachmittag und der Garant für eine schläfrig-hypnotische zweite Halbzeit.

Luschi steht am Bierstand um trübe Gedanken zu verscheuchen.

Als 1989 der Zaun offen war, ist Luschi mit seiner damaligen Frau und den beiden Kindern in den Süden Deutschlands gezogen. Irgendjemand hatte ihnen geflüstert, dass in bayerischen Tälern Milch und Honig fließen. Luschi mochte Milch und Honig. Er fand die Vorstellung vom Schlaraffenland als bloßes Märchenthema schon immer eine Verschwendung. Innerlich hatte er schon immer geahnt, dass es dieses Land wirklich geben müsse, aber eben nur unter anderem Namen. Nun wusste er, es hieß Bayern! Dorthin ging Luschi nun mit seiner Familie auf der Suche nach einer heilen Welt. Stattdessen aber fand er dort nur - wie er sie nannte - mürrische bayrische Sturköpfe, mit denen er überhaupt nicht zurechtkam. Irgendwann verlor er seine Arbeit, weil sie auch nicht mit ihm (oder vielleicht auch mit seiner Arbeitsmoral) zurechtkamen.

Jedenfalls kam Luschi nach vier enttäuschten Jahren wieder zurück nach Thüringen. Seine Frau fand zwar ebenfalls keine Leckereien zwischen Donau und Alpen, aber immerhin einen bayrischen Platzhirsch mit wesentlich dickerer Brieftasche als ihr künftiger Ex-Ehemann. Sie schwärmte von dem Bayernhirsch. Mit ihm konnte Luschi nicht mithalten. Angeblich schlug sie der Neue nicht. „Na, das sagen sie doch alle, aber wenn das Licht aus ist...", dachte Luschi grimmig. Und sie behauptete, er kümmere sich mehr um die Kinder und weniger um die Kumpels in der Stammkneipe.

Doch nicht genug damit, dass die Bayern Luschi die Arbeit und die Frau genommen hatten. Ein bayerisches Gericht schied nun auch noch seine Ehe und schlug die Kinder dem Haushalt seines

Nachfolgers zu. Das Einzige, was ihm von seiner ehemaligen Familie blieb, waren die Kontoauszüge und gelegentliche Post vom Anwalt seiner Ex-Frau, der ihn darüber unterrichtete, dass die überwiesenen Beträge zu niedrig seien. Deshalb forderte er von ihm, wieder in den Westen zu ziehen, weil es dort höhere Löhne gäbe.

Luschi wollte nicht im Westen für seine Ex-Frau mehr Geld verdienen. Er wollte lieber sein bischen Taschengeld zu thüringer Wirten schaffen, was er auch tat. Nie wieder Ehe bis in alle Ewigkeit, schwor sich der enttäuschte Heimkehrer aus dem Schlaraffenland.

Doch was ist schon die Ewigkeit? Für Luschi muss sie die Dauer von etwa drei Jahren haben. Dann hatte er seinen Schmerz (den seelischen, nicht den finanziellen) überwunden und war bereit, sich neu zu verlieben. Wo er seine neue Flamme aufgegabelt hatte, weiß keiner so recht. Aber diesesmal schien er einen Volltreffer gelandet zu haben. Sie schien im Geld zu schwimmen, weil sie einen hohen Posten in einem Pflegeheim begleitete. Da wollte Luschi nicht nachstehen. Schließlich sagen alle, dass man sich im Kapitalismus gut verkaufen muss. Also verkaufte er seiner neuen Liebe, dass er Vizechef einer großen Essenlieferfirma mit vielen Angestellten sei.

Jeder glaubte dem anderen und an das verdiente Glück nach den Bruchlandungen der Vergangenheit. Luschi heiratete seinen neuen Schatz, um das Glück an sich zu binden und nicht wieder wegzulassen. Den Kollegen sagte er von seiner Heirat nichts. Er wollte keine Parasiten anlocken, die auf eine oder sogar mehrere Runden unverdienten Freikaffee spekulierten.

Die Nachricht von der Hochzeit sickerte schließlich aus der Lohnbuchhaltung durch, der aufgefallen war, dass Luschi plötzlich in einer anderen Steuerklasse auftauchte. Der Lohnbuchhalter glaubte, die Nachricht von der Hochzeit als Letzter erhalten zu haben und wollte ausgerechnet in der Mittagspause als Nachzügler seiner Gratulationspflicht nachkommen. Stattdessen war er nun unter großem Gejohle der Erste.

Das frischvermählte Glück zog in eine Wohnung, die so groß war, dass man im kleinsten Zimmer Tennis und im größten Fußball spielen konnte. Und sie planten zahlreiche Auslandsreisen mit großer Vorfreude, denn wenn es mit dem Geld mal eng werden sollte, verdiente der Partner ja genug. Und Luschi war zu Kompromissen bereit. Er willigte sogar in eine Nasen-OP ein, um seine Frau nicht mehr mit nächtlichen Schnarchattacken zu terrorisieren.

Seine neue Frau gehörte fast nur ihm, keine Kinder und kein Nebenbuhler weit und breit. Nur der Wellensittich störte ihn hin und wieder. Das wollte er ihm schnellstens austreiben. In irgendeiner Winternacht, als seine Frau in der Spätschicht war, stellte Luschi den Vogelbauer kurzerhand in den Garten und holte ihn erst nach Stunden wieder herein. Der Hinterbliebenen - seiner Frau - erzählte er, dass sich der Vogel schon den ganzen Tag merkwürdig benommen hatte und sicher krank gewesen sei.

Nicht ganz ein Jahr hielt der Bund fürs Leben dieses Mal. Das Ende kam ziemlich rasant und in Form eines Gerichtsvollziehers. Der wollte zahlreiche ihrer Neuanschaffungen und auch einige von Luschis Besitztümern pfänden, um wenigstens einige von den zahlreichen Gläubigern des jungen Glücks ihre Außenstände zurückzahlen zu können. Nun stellte sich heraus, dass die beiden sich gegenseitig die Taschen voll gehauen hatten. Er ihr, der einfache Essenfahrer, und sie ihm, die einfache Putzkraft in einem Pflegeheim.

Es ist sicher nicht die erste Ehe, die aus finanziellen Gründen ebenso geschlossen wie geschieden wurde, sicher war es aber die erste in so schneller Zeit.

Später trieb sich Luschi meist am Wochenende in Flaschenbierhandlungen herum und ging nachmittags zur Knackwurschtliga. Das dauerte jedoch nur eine Saison, weil Luschi sich nicht unter Kontrolle hat, wenn er getrunken hat. Bei einem Spiel gegen eine Erfurter Mannschaft flippte er nach einem Flaschenbierfrühschoppen derartig aus, indem er die gegnerischen Spieler beim Gang in die Kabine bespuckte.

Heute war er das erste Mal seit diesen Vorfällen wieder im Stadion.

Nur eine gelb-rote Karte für Heiko Reinhardt reisst die Zuschauer aus der Sommerfußball-Lethargie. Heiko wollte als erster unter die Dusche und brach deshalb einen Streit mit dem Schiri vom Zaun. Manchmal ist das Leben einfach. Manchmal…

Kapitel 24

Skandal!

Welcher Fußballfreund würde ihn je vergessen können – den Skandal mit dem Wettmafia-Schiri Robert Hoyzer? In jeder Spielklasse Deutschlands beeilten sich die Akteure, die Trainer, die Funktionäre, allen zu versichern: „So was gibt's bei uns nicht!" Dabei kennen sich die Spieler in den Unterklassen wegen den kurzen Entfernungen zu den Spielstätten viel besser, als es in den höheren Klassen der Fall ist. Für einen Schein mit einer 5 und zwei Nullen kannst du in der Bundesliga noch nicht mal einen Platzwart zu einem gemeinsamen

Bier überreden. In der Bezirksliga dagegen kann man damit durchaus schöpferisch aktiv werden.

Bischleben marschiert in der Tabelle mit 7 Punkten Vorsprung vorne weg und nur noch sieben Spieltage stehen aus.

Die neue Saison wirft ihre Schatten voraus, mitten über unser schönes Wartburgstadion. Einer neuer Gönner, ein Großsponsor, ein Megamäzen steht in der Warteschleife und winkt unserem Vorstand mit dicken Geldbündeln zu. Der Mann mit dem Geldrektum will dem Eisenacher Fußball auf die Sprünge helfen. Spieler sollen geholt werden, die richtige Kracher sind, dabei laufen doch bei uns schon genug Knaller umher. Der letzte Gott, der aus dem Fußballhimmel zu uns herabstieg, war Anton, der Kroate. Anton stellte Bedingungen, bevor er mit dem Striptease seiner Spendierhosen begann. Er wollte die Aufstellung bestimmen, weil ihm die Sterne ganz sicher verraten würden, wer auf welcher Position am besten aufgehoben war. Die Sterne hatten ihre eigene Fußballphilosophie: Marcus Hiller unser Außenverteidiger sollte fortan Libero spielen, sein Sternzeichen prädistinierte ihn dazu.

Die Fußballexperten des Clubs rauften sich die Haare, denn Marcus ist mit seiner 1,65 Meter Körpergröße der kleinste unter den FCW-Spielern. Doch Anton wußte es besser, Silvio Schlenz sollte in der nächsten Saison Torschützenkönig werden, in der alten stand er noch mit der Nummer 1 zwischen den Pfosten.

Das boshafteste Gerücht aber wußte davon zu berichten, dass Anton dem Verein in der alten Saison Geld dafür bot, dass sie nicht aufstiegen, damit der „Sternengucker" - wie ihn die meisten der Fans nun nannten - den Erfolg seines Systems sozusagen mit Erfolgen belegen konnte.

Der Club machte notgedrungen gute Miene zur Astroshow Antons, weil die Vereinskasse schwindsüchtig vor sich hinvegetierte und der Konkurs ohne Antons Sternentaler kaum hätte abgewehrt werden können.

Mit der Ankündigung des neuen Geldgottes des Vereins tauchten sofort wieder neue Gerüchte auf, die ähnlich klangen, wie jene, die seinerzeit Anton dem Zauberer nachgesagt wurden.

Das heutige Spiel gegen Fernbreitenbach soll gekauft worden sein, verschoben, noch bevor der erste Pfiff ertönte.

Fragen über Fragen. Soll Suhltal in der Klasse bleiben? Ausgerechnet jenes Suhltal, dass uns zu allen Zeiten die Pest an den Hals gewünscht hat? Die würden für uns nie einen Finger krumm machen, selbst wenn es für sie um nichts mehr gehen würde. Im Gegenteil, uns in die Aufstiegssuppe zu spucken, ist
für sie die hohe Schule delikater Fußballfeinschmeckercuisine.

Viele der Besucher des heutigen Spiels können nicht an Schiebung glauben, und am Anfang des Spieles gibt es auch keinen Grund dafür. Durch einen Elfmeter geht Eisenach nach einer halben Stunde Luschenkick mit 1:0 in Führung. Schon nach einer Minute tat dem Schiri die Entscheidung leid und er schenkte den Suhltalern ebenfalls einen Elfer. In der Folge lieferten die Eisenacher die unterirdischste Vorstellung ab, die das Wartburgstadion je gesehen hat.

Hatte bereits im Vorspiel die zweite Mannschaft alle Hoffnungen auf den Aufstieg durch eine Klatsche gegen Berka begraben müssen, schickte sich jetzt die erste Vertretung an, die Reserve an peinlichem Auftreten noch zu überbieten. 4:1 blamierte sich der Tabellenzweite gegen den Vorletzten der Liga und auf der Tribüne feierten die Berkaer den Sieg der Suhltaler. Normalerweise hassen sie sich, wie sich Nachbardörfer eben nur hassen können. Beim Dorfbums auf dem Saal darf keiner aus dem einen Nest ein Mädchen aus dem anderen angraben, sonst krachen Schwarten und Kiefer. Wenn es aber gegen die verhassten Eisenacher geht, ziehen sie an einem Strang. Sie wähnen sich auf einem beliebigen Dorfacker, doch die FCW-Fans machen ihnen klar, dass sie kurz davor stehen, in der am Stadion vorbeifliessenden Hörsel ersäuft zu werden.

Für kurze Zeit verstummen sie. Doch dann ist das Spiel zu Ende und etwa zwanzig FCW-Anhänger machen sich in Richtung Tribünenzugang auf. Den Dörflern bleibt der Mund offen stehen, wohl weil sie glauben, nun um einen Denkzettel nicht mehr herumzukommen. Die Fans aber planen anderes: Nur Torwart und Kapitän trauen sich den Weg an den Fans vorbei und werden dafür mit Verräterrufen und einem Regen aus Kleingeld empfangen. Fußball als Leidenschaft, die Leiden schafft.

Bischleben verliert sein Auswärtsspiel in Langensalza und lang und länger werden die Gesichter der Eisenacher!

Kapitel 25

Dachsi

Mit den Walschlebenern sind wir nie so richtig klar gekommen. Das erste Mal, als wir nach der Wende gegen sie spielen durften, war Dachsi noch als Fan mit von der Partie. Er war ein Freund von Fußballschunkeleien abseits des Rasens. Und damals könnte der Grundstein für zahlreiche der künftigen Reibereien mit den Walschlebener Zuschauern gelegt worden sein, als sich Dachsi mit einem langen Lulatsch anlegte, der vor der Tribüne herumhopste und seine Mannschaft supportete.

Dachsi war schon als Kind von ausladenderen Körpermaßen als seine Klassenkameraden. Man könnte auch sagen, dass er für sein Gewicht immer zu klein war. Doch er besaß jede Menge Humor, vielleicht sogar zu viel davon. Das jedenfalls fanden viele seiner Lehrer. Da war sein Sportlehrer. Sein größter Feind. Dachsi sah in ihm die Reinkarnation eines schikanegeilen SA-Ausbilders. Der Sportlehrer sah in ihm dagegen nur einen Faulpelz, der sich mit seinem Übergewicht herausredete, weil er keine Lust hätte sich anzustrengen. Ständig hing Dachsi beim 3000-Meterlauf hinterher. Seine einzige Erklärung: „Ich bin nun mal etwas korpulenter als die anderen", nahm ihm der Lehrer nicht ab.

Die Strecke führte um ein paar Häuserblocks herum, die Dachsis Drillmeister nicht einsehen konnte. Also beschloss er, seinem Problemschüler heimlich nachzulaufen.

Der Verdacht des Sportlehrers bestätigte sich: Dachsi missbrauchte die einzige Tasche seiner kurzen roten Sporthose dazu, eine Zigarette, einen Streichholz und ein Stückchen Reibefläche von einer Streichholzschachtel in der Ertüchtigungsunterricht zu schmuggeln. Sobald sich Dachsi dem Blickfeld seiner Aufsichtsperson entschwunden glaubte, setzte er sich auf einen Mauersims und gab sich den Freuden des Tabakgenusses hin.

An den Ohren zog ihn der Sportlehrer in das Büro des stellvertretenden Direktors Hippel und erklärte diesem, dass er sich weigere, sich weiter an der Formung der sozialistischen Persönlichkeit Dachsis zu beteiligen.

Dem Stelli Hippel war Dachsis Gesicht nicht unbekannt. Er hatte ihn öfter in seinem Büro, als beiden lieb sein konnte. Dachsi hatte ein unvergleichliches Talent sich herauszureden.

Gerade erst am vorhergehenden Tag musste er den Canossagang in Hippels Büro antreten, weil er ein Lih-Mal-Bravoposter seiner Klassenkameradinnen, die den Sänger sooooo süüüüüüüß fanden, mit einem aufgemalten Hitlerbärtchen verunstaltet hatte. Nun stand er in Hippels Büro, auf dessem Schreibtisch Dachsis Kunstwerk lag. Die Schwäche lachen zu müssen, wenn man partout nicht lachen darf, war bei Dachsi zu einem Drang, ja zu einer Manie geworden.

Er fand diesen Lih Mal mit dem Hitlerschnurbärtchen eben saukomisch. Als er sich endlich beruhigt hatte, verkündete er dem verdutzten Hippel, dass er Poster aus der Lügenpresse des Klassenfeindes an sozialistischen Schulen nicht gutheißen könne, und seine Aktion nicht gegen seine Klassenkameradinnen, sondern gegen die springerpressengeführte Konterrevolution gerichtet war.

Seine Klassenkameraden und Freunde waren auch nicht besser als er. Als er wegen irgendeiner Krankheit im Krankenhaus lag und sie ihn völlig überraschend besuchten, durfte er sich über sagenhaft viele Sträuße mit Blumen freuen. Da waren Unmengen von Astern, Nelken, Rosen, Tulpen und sogar Tannengestecke, wie man sie aus der Adventszeit kennt. Gerührt und freigiebig gestimmt angesichts soviel inniger Freundschaftsgesten, verteilte er sie im ganzen Krankenzimmer. Jeder der Mitpatienten und sogar die Schwestern sollten sich an der Blumenpracht erfreuen. Die Frage Dachsis nach den immensen Kosten für die Blumen, die zu DDR-Zeiten auch nicht immer leicht zu haben

waren, taten die Kameraden mit lässigen Handgesten
großmütig ab.

Am späten Abend dann, lange nach dem die Kumpels
wieder gegangen waren, bekam Dachsi noch überra-
schenderen Besuch von einem Polizisten und dem
Vorsteher des benachbarten Friedhofs, der beobachtet
hatte, wie eine Horde von Rowdys am Nachmittag
frische Blumen von sorgsam umhegten Gräbern stahl.

Ob ihm denn keine Fragen in den Sinn gekommen
wären beim Anblick von Trauerschleifen und Gedenk-
gelöbnissen, mit denen die meisten der Gestecke ver-
ziert waren, fragte ihn der Polizist. Doch Dachsi war
immer noch zu ergriffen von der Opferbereitschaft der
Kameraden, als dass er auf solche Nebensächlichkeiten
geachtet hätte. Der Polizist und der Friedhofsvorsteher
hatten keine Wahl – sie mussten dem ans Krankenbett
gefesselte glauben, zumal die Visite nun jeden Besuch
aus dem Zimmer warf.

Dachsis Gewichtsprobleme brachten ihm viele Schere-
reien. Es war die Zeit des Tennisbooms in der BRD.
Steffi Graf und Boris Becker stürmten noch die Cen-
tercourds und nicht die Wäschekammern. Auf der
Wäscheplätzen der Wohnviertel in Eisenach wurden
von den Kids keine Fußball WM-Finals, sondern die
Finals der French- oder Australien Open nachgespielt.
Dachsi musste sich in Ermangelung eines eigenen
Schlägers die Rackets von den Kameraden borgen, mit
denen er nicht gerade erfolgreich war. Ihm fehlte jene
läuferische Spritzigkeit, die Grundvoraussetzung für
ein erfolgreiches Tennismatch ist. Daher verlor er jedes Spiel. Und nach jedem Spiel warf er wütend den
Schläger auf der Boden, wie er es von John Mc Enroe
oder Ivan Lendl während der zahlreichen Tennisüber-
tragungen des Westfernsehens gelernt hatte. Dachsis
Wutausbrüche bedeuteten das Ende der sportlichen

Karriere so manchen Tennisschlägers. Im Racketzerstören erreichte er eine solche professionelle Perfektion, dass ihn die Kumpels erst dann wieder mitspielen lassen wollten, wenn er seinen eigenen Schläger besaß. Die Wende passte Dachsi überhaupt nicht. Er mochte die Westler nicht. Sie waren ihm zu anmaßend und zu versnobbt. Die Nase endgültig voll von den Altbundis hatte er, als der Betrieb, in dem er gelernt hatte, von der Treuhand abgewickelt wurde. Er war gezwungen, auf Baustellen im Westen unter Vorarbeitern aus dem Westen zu arbeiten. Dachsi entwickelte eine Wessiallergie, die sich darin manifestierte, dass er alles was mit dem Osten und den Ossis im Zusammenhang stand, glorifizierte und im gleichen Maße alles Wessifizierte verundeutschte. Er verachtete alle Coca-Trinker und löschte seinen Durst nur noch mit Vita Cola. Wenn er Bier trank, musste wenigstens das Etikett aus dem Osten stammen, und sein Bayern Münchentrikot warf er zugunsten der Neuanschaffung von Dynamo Dresden-Bettwäsche weg.

Als ihn seine Kameraden irgendwann im Sommer mit nach Heringen ins Freibad nahmen, beschwerte er sich hinterher fürchterlich bei ihnen, weil sie ihm verheimlicht hatten, dass Heringen im Westen liegt. „Wenn ich dass gewußt hätte, wäre ich nicht mitgekommen!", schimpfte er noch nach Wochen.

In der Disco war Dachsi ungekrönter King. Eines Tages hörte er von Fußballfans, die zu Oberligazeiten ein Auswärtsspiel von Rot-Weiß Erfurt beim BFC Dynamo besucht hatten, dass die BFC-Rowdys in der U-Bahn die Ausweise von anderen Jugendlichen kontrollierten, die keine Schals trugen. Dachsi erfuhr, dass wenn man sich mit dem Schal einer anderen Mannschaft in der Nähe des Jahnsportparks blicken ließ, diesen meist zugunsten einer dicken Lippe oder einer gebrochenen Nase oder beidem los war. Daher war man besser beraten, als Fan einer anderen Mannschaft zum Auswärtsspiel beim BFC in Zivil anzureisen. Die BFC-Schläger wollten sich aber prügeln. Also kontrollierten sie gerade so wie VoPos den Ausweis jedes Jugendlichen, den sie nicht einordnen konnten.

Dachsi fand diese Methode genial. So konnte man sicher auch Wessis in Eisenacher Discos aufspüren. An den folgenden Wochenenden gab es im Partyhaus jede Menge Disharmonien, die Dachsi eine ganze Palette von Anzeigen wegen Körperverletzung einbrachten. Außerdem erhielt er ein Jahr lang Verbot in der Disco. Das Verbot war ihm egal.

In einer Lokalität, in der Westler verkehrten, fühlte er sich ohnehin nicht wohl. Eines Tages wurden wir in einer Bar am Karlsplatz Zeugen eines Gesprächs, in dessen Verlauf sich ein Kölner und ein Einheimischer über die Verbrechen der Stasi ausließen. Dachsi war schon angetrunken und mischte sich sofort ein. Was sie nur gegen die Stasi gehabt hätten, ereiferte er sich. „Wer sich an Gesetze hält, lebt überall ruhig und wer es nicht tut, bekommt überall Probleme", argumentierte Dachsi weiter. Das gelte immer und überall. Der Einheimische verstummte. Vermutlich kannte er Dachsi und sein überschäumendes, hemdsärmliges Temperament. Der Kölner aber sah in ihm keine Bedrohung. „Warst wohl selbst n Stasi", fragte er provokant und grammatikalisch falsch. Er hätte ihn genauso gut, fragen können: „ Meine spitze Nase gefällt mit nicht mehr. Hilfst du sie mir platt zu drücken?" Dachsi trank vorsorglich sein Bier aus und gab bereitwillig Auskunft: „Aber sicher. Ich hab meine besten Freunde, sogar meine eigene Familie ans Messer geliefert und mein Führungsoffizier war wie ein Vater für mich!", verkündete er stolz und sorgte anschließend dafür, auch in dieser Bar Lokalverbot zu bekommen.

Heute war Dachsi nicht mit am Start. Dass Gros der Eisenacher Fans war aus Enttäuschung über die Heimklatsche der Vorwoche daheim geblieben. Und vielleicht war es gut so. Denn die Heimkehrer wußten von einem Walschlebener Mannschaftskapitän zu berichten, der schon vor dem Spiel eine Fahne vom Geländer riss und ankündigte, alle Eisenacher „vor die Schnauze" zu schlagen. Außerdem hatte Benito schon einen Stuhl erhoben, den er einem Walschlebener anbieten wollte. Allerdings nicht als Sitzgelegenheit, sondern als Kopfschmuck.

Das einzig positive: Der FCW gewinnt das schwere Auswärtsspiel mit 2:3 und weil Klassenstreber Bischleben zu Hause verliert, beträgt der Rückstand der Eisenacher nun nur noch 4 Punkte.

Kapitel 26

Der Vereinskoch

Die Wutha/Farnrodaer sind zum Rückspiel zu Gast. Der Aufsteiger, der unseren Club beim Hinspiel mit 3:1 abgeschossen hat und dem dadurch zu einem außerplanmäßigen Vereinsfest verholfen werden konnte. Sie haben die Klasse so gut wie gehalten und brennen heute darauf, dem FCW den Meisterkampf zu vermasseln. Der wiederum schielt heute nach Erfurt, wo Spitzenreiter Bischleben beim Tabellendritten Lok Erfurt gastiert.

Ich stehe in der Spielerkluft der zweiten Mannschaft, in der ich mir eben noch auf dem Rasen einen Hardcoremuskelkater verschafft habe. Auf der Tribüne begrüße ich die Stammesbrüder und kiebitze, wer hier noch so gekommen ist. Oh welch' Freude mir widerfährt, als mein entzückter Augapfel eine langbeinige und langschwarzhaarige Kindergärtnerin erspäht, die nur meine Freundin sein kann. Sie hasst Fußball, aber sie liebt mich und deswegen ist sie heute hier. Amor ist groß! Ich liebe sie und ich liebe Fußball, deshalb bin ich heute Nachmittag doppelt glücklich. Das Vergnügen, mich in der 10. Bundesliga über den heiligen Rasen des Wartburgstadions stolpern zu sehen, hat sie knapp verpasst, doch ich weiß sie zu trösten und stelle ihr den Vereinskoch vor.

Auf jedem Dorf gibt es mindestens einen oder mehrere Deppen. In jeder Stadt gibt es davon einige oder viele. Und in jedem Club, jedem Sportverein oder jeder Sportgemeinschaft ist ein Anteil dieser Klientel ebenfalls mehr oder minder präsent. Beim FCW ist dieser Rausgucker der Vereinskoch, dessen Spitzname sich
aus der dritten Silbe dieser Nennung ableitet, welche sein Nachname im richtigen Leben ist. Er ist etwa 1,65 m groß, schmächtig und schon weit über 30 Jahre alt. Er sagt von sich selbst, dass er nüchtern ein ganz lieber Kerl sei und daher der Alkohol sein größtes Problem sei. Viele derer, die ihn kennen, haben Schwierigkeiten damit, diesen Umstand zu bestätigen. Weniger aus der Tatsache heraus, weil sie bestreiten wollen, dass er nüchtern ein netter Kerl ist (dass ist er manchmal auch, wenn er angetrunken ist), sondern eher mehr deswegen, weil er grundsätzlich ein Stadion erst betritt, wenn ein paar halbe Liter Hopfensuppe seine Synapsen in Schwingungen versetzt haben. Wenn ich ihn in der Stadt nüchtern angetroffen habe, lief er meist mit tief ins Gesicht gezogenem Basecape, ohne nach links, rechts oder nach oben zu sehen durch die Stadt. Gerade

so, als fürchte er, von seinen Bekannten als nüchternes liebes Köchlein enttarnt zu werden.

Der Vereinskoch hat den Vorteil, auf dem Weg zum Vollrausch beim Fußball nicht tief in die Tasche greifen zu müssen. Seit Jahren macht das Gerücht die Runde, dass ihm 2 Gläser Bier, 1 Stück Mohnkuchen und eine Rumkugel reichen, um endorphinal über einer Märchenwiese schönster Entrückungen zu schweben. Dann kommt er auf die merkwürdigsten Einfälle.

Die Liste seine halluzinogenen Verfehlungen ist lang. Schon als Lehrling wollte er seine persönlichen Kampftrinkerrekorde ständig verbessern. Seine HO-Kollegen, die ihn zum Fleischer ausbildeten, wussten schon früh von einer Betriebsfeier zu berichten, auf der der kleine Koch vergeblich nach einer Art Druckbetankung gegen seinen Brechreiz kämpfte.

„Junge du bist ja ganz blass! Geh lieber aufs Klo, wenn dir schlecht ist!"

Doch der Vereinskoch wollte kein Junge sein, der sich auf das WC flüchtet, um die Phasen der Peristaltik umzudrehen. Er wollte ein trinkfester Fleischer sein wie die großen Gesellen. Zum Pech für seine Ausbilder behielt die Natur aber die Oberhand und der ganze angestaute Schlamassel klatschte auf den Tisch, an dessen Stirnseite der Lehrling saß. Von dort aus verteilte sich das Gemisch aus Bier, Schnaps und Zigeunerbrot auf den Ausgehuniformen der Verkäuferinnen und Fleischergesellen.

Beim Fußball wurde er natürlich auch auffällig. Der Anblick eines auf der Tribüne umherrollenden Vereinskoch ist zahlreichen RWE-Fans kein Unbekannter. Der eines an den Trennzäunen herumturnenden und gegnerischen Fans vollpöbelnden Kochs ebenfalls nicht.

In Bischleben schätzte er die Situation völlig verkehrt ein und löste einige Schlägereien aus. Sonst hält er sich auf Grund seiner Konfektionsgröße lieber aus solchen Ränken heraus, obwohl er sie nur all zu gerne anstiftet. Aber auch sanggewaltig wird der Koch, wenn er sich dem Koma nährt. „Wiir machen alles kapuuuut!!" „Erfurt, Leipzig, Halle – Fußballkrawalle!!" gehört ebenso zu seinem Minnerepoitiere wie das ganze Arsenal an Jena–Schmähgesängen.

Beim Hallenturnier des FCW im letzten Winter war er so blau, dass er teilweise nicht mehr wusste, in welcher Halle und bei welchem Turnier er eigentlich war. Er schlief auf einer Bank seinen Rausch aus, als der drittplatzierte Jenaer Glas vom Hallensprecher geehrt wurde. Der Vereinskoch hatte in seinem Fastdelirium nur den Namen Jena vernommen. „J! E! N!A!: Scheiß Jena!!" lallte er, ohne überhaupt die Augen auf zu bekommen.

Auf dem Rasen indes findet ein munterer Schlagabtausch statt. Beide Mannschaften haben Chancen, in Führung zu gehen. Doch zur Pause steht es 0:0. Ebenso übrigens in Erfurt Daberstedt, wo wir in IM Janosch einen Spitzel entsandt haben, der uns mit modernstem Telekommunikations-Know-How auf dem neuesten Stand hält.

Der FCW geht in der zweiten Halbzeit mit 1:0 in Führung, und der Vereinskoch schwenkt die Eisfahne des Tribünenkiosks zu seiner Hymne: „Wiiiir machen alles kapuuuut!!!!"

Das 2:0 folgt und Janosch sendet eine SMS aus Erfurt. „Doppelschlag! Bischleben führt! Lok Erfurt gleicht aus!", schlagzeilt er.

Es werden an diesem Spieltag die Endstände bleiben, was bedeutet, dass der FCW seit diesem Nachmittag die Chance erhalten hat, aus eigener Kraft aufzusteigen. Zumindest aber winkt wieder die Chance auf ein Finale am letzten Spieltag, wenn Bischleben, das nun nur noch mit zwei Punkten Vorsprung führt, in unserem Stadion aufläuft.

Kapitel 27

Der sorglose Wirt

Remstedt hatte eine Rechnung mit uns offen, die drei Jahre alt war. Wir hatten damals auf ihrem Sportplatz mit fast 100 Gästefans für   Heimspielatmosphäre gesorgt und unser Spiel mit 1:2 gewonnen. Ein Grund zum Feiern, wenn die Remstädter über eine Kneipe verfügen würden. Doch die gibt es auf ihrem Sportplatz nicht. Einen Sparmarkt und eine Flaschenbierhandlung (kurz Flabiha) sind der ganze Stolz der Remstedter Wirtschaft.

Die Welt der Kneipen, Bars und Cafe-Restaurants lebt zum größten Teil vom Charisma ihrer Inhaber, die nicht selten selbst hinter jenem Tresen stehen, aus dem der gelbe Lebenssaft sprudelt, den die Stammgäste als Bier zu lieben gelernt haben. Die Inhaber   und ihre Kneipen haben meist in einer Art geistiger Verschmelzung ihre Vorlieben osmotisiert. Der Inhaber einer Skatebordkneipe zum Beispiel wird sich kaum Wagenräder an die Wand hängen, weil ihn Kutschfahrten einfach nicht interessieren. Man findet eher ein oder mehrere Bords, die wie überdimensionale hölzerne Monatsbinden an den Wänden prangen. Anders der Besitzer der Touristenkneipe, der um   möglichst gutbürgerliches und neutrales Fluidum bemüht ist. Bei ihm hängen keine Monatsbinden an der Wand, sondern Bilder aus der Stadt, in der seine Kneipe steht. Der Chef einer Sportkneipe schmückt sich hingegen gerne mit Fanutensilien der jeweiligen Lieblingsclubs. Schwer, sich vorzustellen, dass beim Boss der Kneipe einer Handballhalle Baseballschläger hängen, wenn nicht gerade eine Skinheadmeute ihren Stammtisch bei ihm hat. Und gleichfalls schwer vorstellbar, dass in einer Fußballkneipe jemand einen Schlitten oder etwa das Bild eines Surfweltmeisters aufhängt, der gerade in sein Nutellabrot beisst.

Gerne übertragen sich die Vorlieben der Lokalpräsidenten auf die Speisen- und Getränkekarten. In Surf- und Skaterbars findet man schon mal Mixgetränke wie den „Killerloop", den „Wasserleichenwecker" oder den beliebten „Tigerhaibesamer". Beim Handballkneiper kann man einen hochprozentigen „Halbkreisstürzer" bestellen oder - seit Januar 2007 besonders beliebt - den „Weltmeisterschnautzbartkleber", einen besonders zähen Likör mit sehr beständigen Adhäsionseigenschaften, die beim Stuhlgang am nächsten Morgen höchst unerfreuliche Nebenwirkungen hervorrufen. Nicht wenige Internisten vertreten die Ansicht, das dieser Likör verantwortlich zu machen sei, für wochenlange Darmverschlüsse zahlreicher Handballfans und -spieler und der deshalb auf die Liste verbotener Substanzen gehöre.

In angesagten Fußballkneipen gibt es dagegen so wohlklingende Drinks wie etwa den Lattenknaller, der deswegen so genannt wird, weil so manche Latte, wenn sie am Abend zu oft getroffen wurde, unbrauchbar ist. Jedenfalls klagen die Frauen mancher Fußballfans darüber.

Oder man macht sich vor einer Fußballübertragung im Fernsehen mit dem „Zombie-Hool" locker. Doch auch hier ist Vorsicht geboten, denn bei übermäßigem Genuß des „Hools" neigt man dazu, die Spieler auf der Leinwand anzubrüllen und mit Schimpfnamen zu versehen. Oder man streitet sich mit den Kommentatoren herum über so belanglose Fragen, ob der Schiri nun gut oder untragbar ist, als ob die Reporter nicht in kilometerweit entfernten Kabinen sitzen, sondern das Spiel direkt vom Tresen aus kommentieren.

Der Touristenkneiper verzichtet meist auf die Eigennamengebung, obwohl er damit durchaus etwas eigenen Kolorit in seinen Laden bringen könnte, die ihn von der Beliebigkeit sonstiger Lokalitäten unterscheidet. Er könnte seiner Klientel zum Beispiel einen „Labyrintmaker" servieren, der ab der 7. Auflage ein selbständiges   Finden des richtigen Hotels unmöglich macht.

Oder wie wäre es mit dem   „Money-Diver"? Einem Hochprozenter, der dazu animiert, sich zu reichlich verschenktes Trinkgeld durch einen beherzten Köpfer in den Kleingeldbrunnen auf der anderen Straßenseite wieder zu holen.

In den Dörfern der Knackwurschtliga gibt es oft nur eine einzige Kneipe. Ich erinnere mich an ein Dorf, dass zwar nur eine Kneipe besaß, aber dafür zwei Gasträume - einen für die Eingeborenen und einen für für die Gäste. Der Tresen diente,   ebenso wie eine kleine Küche, als Raumteiler. Zwar ist Fantrennung im Unterklassenfußball die Ausnahme, doch wir hatten nichts dagegen, unseren eigenen Raum zu bekommen. Wir kannten die Einheimischen von früheren Spielen und wußten, dass der Unterhaltungswert dieser Fans irgenwo zwischen Null und Zero pendelte.

Sollten wir uns mit ihnen über Obstbaumdünger und Erntequoten unterhalten, über die anstehende Kirmes oder die vergangene Konfirmation irgendeines Dorfrüpels? Darüber, warum die Postfrau das amtliche Informationblatt des Ortes am letzten Dienstag 5 Minuten später als sonst ausgetragen hatte?

Und was hätten wir ihnen zu erzählen gehabt? Von Eisenach wußten die meisten gerade mal, dass es in der Nähe der Wartburg steht und dass die Stadt für ihre Größe viel zu tieflagigen Fußball spielt, dafür aber eine Handvoll Fans mit ziemlich großer Fresse hat.

Nein, wir waren unter uns und das war gut so. Der Kneiper war ein ausgewachsener Fußballfanatiker. Er fieberte der Begegnung entgegen und konnte es nicht erwarten, uns abzukassieren. Wir hatten zwar noch volle Gläser, aber nichts dagegen unsere Schuld zu begleichen. Dann leerte sich der Saloon, denn die Mannschaften standen schon auf dem Feld. Noch etwa 8 Eisenacher saßen in der Kneipe. Was machte es schon, mal 10 –20 Minuten Knackwurstfußball zu verpassen, wenn man in gemütlicher Runde zusammensaß. „Was solls? Lass uns noch ein Bier bestellen! Wo ist der Wirt?"

Der Wirt war nicht da. Er hatte seine Kneipe ebenso zum Fußball schauen verlassen, wie die anderen Heimfans.

Ein Fehler, der sich rächen sollte. Noch vor dem Halbzeitpfiff war das eben erst angefangene Faß Bier alle. Die Durstigsten unter den Eisenachern wurden per Handy davon informiert, dass der Wirt nun sicher nach seiner Kneipe sehen würde. Nun war die zwar noch da, aber zu Trinken gab es dort noch etwa ebensoviel wie in der Sahara zwischen zwei entlegenen Oasen. Der Eisenacher Anhang benahm sich wie ein Schwarm Heuschrecken, ein Schwarm alkoholsüchtiger Heuschrecken. Und nicht nur Getränke wanderten in die Taschen der Rowdys.

Viele der Dörfler würden sich am nächsten Morgen viel besser fühlen als die verkaterten Städter, von denen mich einer am nächsten Morgen ganz verstört anrief und filmrissgeplagt fragte, ob er denn mitgespielt habe. Auf meine Frage nach dem Warum antwortete er: „Ich bin heute früh mit einem Pokal in meiner Hand aufgewacht." Soweit sollte es heute nicht kommen, denn, wie eingangs erwähnt, besitzen die Remstedter keine Kneipe. Mit einem Lastminute-Freistoßtor von Björn Venter gewinnt der FCW heute mit 1:0 und zieht nach Punkten mit den schwächelnden Bischlebenern gleich, die wieder nur Remis spielten.

Kapitel 28

Schmidt, Schmitt und das Gesetz des Stärkeren

Wir begrüßten heute den Tabellenletzten im Wabu. Ichtershausen hat es in dieser Saison auf stolze 6 Punkte gebracht, resultierend aus 3 Remis und einem Sieg. Beim Torverhältnis stehen sie noch 8 Gegentore entfernt von der hunderter Schallmauer.

Mit Schmidtchen bin ich verabredet, damit ich nicht alleine ins Stadion zu gehen brauche.

Ich lernte den einstigen Automobilwerker, der zu DDR-Zeiten gemeinsam mit tausenden fleißigen Kollegen den 353er Wartburg zusammenschraubte, wie so viele andere von denen, die auch heute noch hier ihren Samstagnachmittag verbringen, im Wartburgstadion kennen. Schmidtchen ging zu den Spielen von Motor Eisenach in der Bezirksliga, fuhr aber auch hin und wieder mit dem FC Rot-Weiß Erfurt zu Heim- und Auswärtsspielen der DDR-Oberliga.

Im Sommer 89 konnte er keine Wartburgs und keinen Ostfußball mehr sehen. Er verduftete über blühende Felder zu bundesdeutschen blühenden Landschaften. Dort wollte er von einem der Intimfeinde von Sudele-des Schwarzem Kanal dem Vertriebenen Chef Hupka Vertriebenenrente kassieren, obwohl er keineswegs vertrieben wurde, sondern freiwillig gegangen war. Wenn man allerdings das Eisenacher Automobilwerk kannte mit seinem Öl- und Waschpastengestank, den vergilbten Magazinaktfotos in den Türen nach Fuß- schweiß stinkender

Spinde, den vielen Trunksuchtsopfern der sozialisti- schen Planwirtschaft und dem Smoggestank in nebli- gen Herbsttagen, der wird diese Flucht nur bedingt als freiwillig ansehen. Außerdem war es Schmidtchen egal, ob er sein Einkommen vom Arbeitsamt, vom Bund der Vertriebenen oder vom Weihnachtsmann bekam. Er träumte von einem luxuriösen Leben als Arbeitsloser, der jeden Tag bis mittags schlafen konnte und dessen einzige Sorge die Überbrückung der drei Stunden zwischen Frühstück um eins und dem Öffnen der Stammkneipe bestand. Zu Beginn der Kohlära in den Achzigern schien das noch kein so realitätsferner Karrierewunsch zu sein, weil der damalige Finanzver- walter der BRD, Theo Waigel, die Kunst der Bilanzen- fälschung noch wie ein Virtuose zu zelebrieren verstand. Als Rot-Grün das Bundesfinanzministerium übernahm, war das süße Leben in Hanau zu Ende und Schmidtchen kehrte zurück nach Eisenach.

Das Automobilwerk war längst geschlossen. Eine Zu- lieferfirma für das neue Opelwerk vor den Toren der Stadt war dort entstanden, wo Schmidtchen nach dem Ende so mancher Spätschicht mit runden Füßen aus dem Werkstor gerollt war. Die neue Firma stellte ihn ein, weil er den Weg zur Arbeit noch so gut aus dem Sozialismus kannte. Der Kreis schloß sich.

Wie zu DDR-Zeiten ging er nun wieder ins Wartburg- stadion oder fuhr zu den Auswärtsspielen des FC Rot- Weiß Erfurt. Nicht mehr nach Berlin, Halle oder Zwi- ckau, sondern nach Offenbach, Karlsruhe und Darm- stadt gingen die Touren jetzt. Die D-Markära ging zwar dem Ende entgegen, aber noch waren Euro, Teuro und Steuro weit weg. Jeder, der arbeitete, konnte sich hin und wieder ein Besäufnis in fremden Städten und Stadien erlauben.

In Darmstadt kam Schmidtchen mit der Staatsmacht ins Gehege, weil sie die Erfurter Transparente vom Zaun des Gästeblocks riss, um sich besser an den Erfurter Fans satt sehen zu können. Es gab ein Handgemenge und einen Schlagstockeinsatz, wie so oft, wenn unvereinbare Gegensätze aufeinander prallen. Die hessischen Schutzmänner öffneten ein Fluchtgitter, drangen behelmt und knüppelfuchtelnd in den Gästeblock ein und forderten den Erfurter Anhang zum Kräftemessen heraus.

Gästefans sehen ihren Block beim Fußball als eine Art autonomes Gebiet an, ähnlich dem der Botschaft oder ständigen Vertretung des einen Landes auf dem Gebiet eines anderen. Demzufolge wurde das Eindringen hessischer Polizisten in einen thüringer Block als subversiv-annektiver Akt betrachtet. Auch von Schmidtchen. Er hatte schon vor den berüchtigten Volkspolizisten der DDR jede Disziplin vermissen lassen. Von diesen hessischen Klabautermännern würde er sich erst recht nicht einschüchtern lassen, erklärte er, bevor er sich mit erhobenen Fäusten ins Getümmel stürzte. Soviel Mut wollten die Beamten nicht unbelohnt lassen. Schmidtchen war der einzige unter den Erfurter Fans, der auf die Stadionwache eingeladen wurde. Dort attestierte man ihm eine hervorragende Rechte, die des Vergleiches mit der von Henry Maske würdig sei. Darüber würde er noch von sich reden machen lassen, versprachen die Beamten, nachdem sie ein Erinnerungsfoto gemacht und Schmidtchen wieder entlassen hatten.Wochen später hatte er Post aus Darmstadt im Briefkasten. Der SV Darmstadt 98 klärte in diesem

Schreiben einem sogenannten sehr geehrtem Herrn *Schmitt* darüber auf, auf Grund eines Ermittlungsverfahrens gegen den sehr geehrten Herrn wegen Körperverletzung zum Nachteil eines Polizeibeamten ein bundesweites Stadionverbot gegen vorgenannten Herrn erlassen zu haben, dass auch für Spiele der deutschen Nationalmannschaft Gültigkeit besitze. Der SV Darmstadt hatte viele Unterschriften für diesen Brief gesammelt, dass man meinen konnte, eine Volksbefragung hätte vorher stattgefunden.

Die Sparkasse Darmstadt war ebenso unter den Unterzeichnern wie Mercedes Benz, die Pepsi-Cola GmbH, ebenso wie das Autohaus Wiest & Söhne und die BMW-Niederlassung Darmstadt, ebenso wie die Frotscher Druck GmbH. Selbst die Gold–Ei GmbH und der Lufthansa City Center wollten diesen Herrn *Schmitt* bis zum 30.6. 2006, dem Tag nach dem Finale der Fußball WM, nicht mehr in deutschen Stadien sehen.

Schmidtchen sah erst ein, dass dieses Schreiben eigentlich ihm galt und nur sein Name falsch geschrieben war, als die Staatsanwaltschaft 1500 DM wegen Körperverletzung zum Nachteil eines Polizeibeamten von ihm forderte. Dem Staatsanwalt war egal, wie Namen korrekt geschrieben werden. Er wollte Bargeld sehen und ihn, Schmitt hin - Schmidt her, andernfalls einbuchten.

Wiederwillig zahlte Schmidtchen den Betrag und betrachtete sich fortan als Opfer eines Justiz- und Beamtenirrtums, wenn nicht sogar Schlimmerem wie zum Beispiel einer Verfolgungskampagne der hessischen Staatsmacht, die ihm die Flucht aus dem Hessischen zurück ins Thüringische übel nahm. Der DFB schien seiner Argumentationsbasis gerne zu folgen, denn 5 Jahre später, noch ein Jahr vor Ablauf der Stadionsperre gegen den ominösen Herrn *Schmitt*, bekam er aus

Frankfurt die Betätigung, Teilnehmer einer DFB-Busreise zum Auswärtsspiel der Deutschen National-mannschaft zu Ostern 2005 nach Slowenien zu sein. Schmidtchen fühlte sich fortan rehabilitiert, kehrte aber nach diesem Spiel dem Oberklassenfußball freiwillig für immer den Rücken.

Fußball in der Knackwurschtliga kann auch Spaß ma-chen. Zum Beispiel heute, wo unser FC mit den Ich-tershäuser Freigängern Schlitten fährt und ihnen 8 Dinger eingeschenkt und die 100er Schallmauer des Absteigers damit geknackt hat.

Kapitel 29

Keeper Katze

Eines der undankbarsten Auswärtsspiele wartet heute auf uns. Die Behringer Zornbauern haben es auf uns abgesehen. Sie hassen uns Eisenacher wie die Pest und sind motiviert wie überdimensionale Adrenalinkon-zentratspakete. Das sie außerdem vom Abstieg bedroht sind. spielt eigentlich nur eine untergeordnete Rolle. Denn selbst wenn sie gesichert oder meinetwegen auch schon Meister wären, würden sie nur ungern auf das Vergnügen verzichten, uns am Boden zu sehen. Sie halten die Städter für verwöhnt und arrogant, die Städ-ter ihrerseits halten sie für primitive Spießer, die in der DDR-Ära zu lange unter den sowjetischen Schieß-übungen zu leiden hatten. So geht es zu im Fußball.

Die Welt des Fußballs wird, wie sonst kaum eine Di-aspora, wenn wir die der Kneipen, Flaschenbierhan-dungen oder Künstlertreffs mal ausklammern wollen, von den Vorurteilen der Beteiligten beeinflusst. Das geht bei den Fans los: Sie haben Vorurteile gegen die Gegner, finden sie Scheiße, selbst wenn sie noch so gut spielen. Die Schiedsrichter hegen dagegen Vorurteile gegen die Spieler. Erstere glauben, dass Zweitere nichts anders im Sinn haben, sie zu bescheißen.

Die Spieler schleppen das Vorurteil mit sich herum, das ihr Trainer ein Unmensch ist. Scheiße für uns, wenn wir wieder verlieren, ist der Gedanke, der ihnen Beine macht. Und es gibt eine Reihe von Vorurteilen, die alle diese unterschiedlichen Gattungen des Biotops Fußball über alle Spielklassen hinweg eint. Der Gefoulte soll nie den Strafstoß schießen, ist eines davon. Ein anderes behauptet, dass Torhüter und Linksaußen eine ausgewachsene Vollmeise haben. Dass vor einer Meise niemand sicher ist, wird niemand bestreiten wollen. Besonders gefährdet sollen aber Torleute sein. In der Bundesliga sind es vor allem die vom Ehrgeiz Zerfressenen, in die oftmals ein böser Geist fährt. In den Knackwurschtligen sind es die, die einen guten Schluck nicht gerade ausspeien.

Katze ist ein leuchtendes Beispiel für diese Vertreter. Seinen richtigen Namen kenne ich nicht. Ich weiß aber, dass er für den Eisenacher Kreisligisten Kickers zwischen den Balken stand und dort nicht wegen seiner gehaltenen Bälle, sondern wegen seiner Afterplayaktivitäten Kultstatus erreichte. Im Verein spielt es sich am schönsten Fußball und es feiert sich auch besser als alleine. Das Bier schmeckt besser, egal ob es das erste, das zehnte, oder das dreißigste ist. Und bei Katze wurden es oft so viele.

In den frühen 90er Jahren, als der FCW noch in der fünftklassigen Landesliga kickte, gelang es den Vereinsmeiern, Sponsoren für die Finanzierung des Auftritts von Bundesligist Borussia Mönchengladbach im Wartburgstadion zu überreden.

Hier trat Katze das erste Mal vor einer Kulisse von über 5000 Zuschauern sportlich in Erscheinung. Damals war er Reservetorwart des FCW und durfte sich zusammen mit den anderen Eisenacher Bankdrückern hinter dem Tor der Gladbacher warm halten. Jeder Mensch hat irgendwann im Leben <u>seinen</u> Moment. Als ein Ball am Gladbacher Tor vorbei ins Toraus trudelte, schlug Katzes sportliche Sternstunde. Gekonnt wollte er den Ball stoppen und zum Torwart zurückspielen, mit einem Kabinettstückchen, dass auch den letzten Sportmuffel im Stadion zu einem Beifallsorgasmus getrieben hätte – wenn es denn geklappt hätte. Leider aber kam alles anders, denn beim Stoppen des Leders glitt Katze auf dem heimtückischen Stück aus wie auf einem nassen Stück Seife in der gefliesten Dusche des Hallenbades. Jeder im Stadion konnte nun eine Kaskade bewundern, die den Klassikern der Stummfilmära in jeder Beziehung zur Ehre gereicht hätte. Wie in Zeitlupe schwang Katze Arme und Beine synchron in die Luft, um dann den endlosen Bruchteil einer Zehntelsekunde waagerecht in der Luft zu ruhen. Dann stürzte er meteoritengleich mit dem Hinterteil zuerst der Tartanbahn entgegen, die zu seiner Landebahn wurde. Katze hatte seinen Auftritt, die ihm gebührende Aufmerksamkeit und seinen Applaus. Es sind wahrlich Momente wie diese, die einen Menschen unsterblich machen.

Wie alle wirklich großen Sportler hatte Katze aber seine größten Auftritte im Ausland.

Die Kickers veranstalteten, damals Mitte der Neunziger noch mit unermesslichen Mengen von Kohlkanzlermillionen ausgestattet, im Sommer regelmäßig eine Fahrt nach Tschechien. Eine hätte Katze fast verpasst, weil er nach einer Kneipen- und Discotournee verpasst hatte, sich vor dem Sonnenaufgang schlafen zu legen. Stattdessen erschien er nun völlig übernächtigt und eine stolze Fahne vor sich hertragend am Busbahnhof. Er sollte auf der ganzen Fahrt nicht nüchtern werden, im Gegenteil, der Pegel sollte in die andere Richtung ausschlagen.

An einem Rastplatz kurz hinter der Grenze zeigte Katze, dass Körperbeherrschung zu jenen Eigenschaften zählt, die einen Torwart zu dem bewundernswerten Athleten werden lassen, der er ist. Beim Erlösen seiner Blase von jenem Druck, der durch den zügellosen Konsum ungezählter Liter von Erfrischungen auf Hopfenbasis hervorgerufen wurde, wollte er sich mit dem linken Arm am Stamm eines Baumes abstützen, der hinter einer Leitplanke stand. Doch entgegen dem alkoholmanipulierten Versprechen, das Katzes Augen ihrem Besitzer machten, stand dieser Stamm nicht 30 cm, sondern 3 Meter von ihm weg, so das Katzes Hand ins Leere griff und er mit seiner ganzen gottgegebenen Größe von 2 Metern in der ursächlisten Bedeutung der Wortschöpfung über die Planke ging. Hinter der Leitplanke fiel das Gelände als grasbewachsene Böschung etwa drei Meter ab. Der Eisenacher Starkeeper schnellte die Piste hinab, als hätten russische Mafiosi ihn in einen Perserteppich eingerollt. Als ihm seine besorgten Mannschaftskameraden hinterher sahen, bekamen sie zuerst eine geysiergleiche Fontäne zu Gesicht, die Rückschlüsse auf zwei Sachverhalte zuließen: Zum Einen war Katze auf dem Rücken zu liegen gekommen, und zum Zweiten hatte er sein Uriniergeschäft noch nicht abgeschlossen.

Wenig später war der Bus am Ziel, einem Sportkomplex am Rande von Prag. Katze war plötzlich verschwunden, und die Kameraden gingen auf die Suche nach ihm. Ein volltrunkener Zweimeter-Ossi musste doch auffallen! Und tatsächlich, überall auf dem Sportkomplex hatte Katze seine Spuren hinterlassen.

Auf einem Centercourd schimpften die Besucher eines Meisterschaftsspieles auf einen völlig betrunkenen 2 Meter großen Rowdy, der rücksichtslos während eines Ballwechsels über das Spielfeld getorkelt war.

Nicht weit davon trafen sie auf die aufgebrachten Teilnehmer eines Bogenschießwettbewerbs. Sie konnten vor ein paar Minuten nur mit Mühe daran gehindert werden, ihre Pfeile auf den Hintern eines sichtlich angetrunkenen Deutschen abzufeuern, der völlig ungeniert seine Notdurft an einer der Zielscheiben verrichtete.

Schließlich fanden sie Katze friedlich schlafend in einem Plastikstühlchen, das zu dem Tisch eines Biergartens gehörte, den er wegen einer plötzlich einsetzenden Hungerattacke aufgesucht haben musste. Darauf ließen ausser einem halben Liter Tschechenbier der halbe Teller mit Spaghetthi Bolognese schließen, die vor ihm standen. Ebenso plötzlich wie ihn der Hunger heimgesucht hatte, musste Katze vom Schlaf übermannt worden sein, denn die andere Hälfte der Spaghetthi hatte er nicht etwa gegessen, sondern über sein Gesicht, sein T-Shirt und seine Hose verteilt. Wer schläft sündigt nicht, auch nicht wenn er Torwart ist, wie Katze, der mit einem zufriedenen Grinsen schnarchte, bewies.

Zum Schnarchen war das Spiel heute Nachmittag keineswegs, eher zum Haare-Raufen, denn trotz drückender Überlegenheit gelang unserem Club kein Tor. Bischleben führt vor dem Showdown nächste Woche mit zwei Punkten Vorsprung an. Egal wie: Ein Sieg im letzten Spiel – und wir steigen auf!

Kapitel 30

Der heilige Gral oder Wie lange noch?

Letzter Spieltag, Finale, Endspiel, Entscheidung! Rauschende Ballnacht oder endloser Fall in den tränenfeuchten Gefängniskeller tiefster Depressionen?
Die ganze Saison entscheidet sich während lächerlich kurzer und doch endlos langer 90 Minuten! Ich wälze mich in der Nacht vor dem Spiel unruhig auf meinem Nachtlager hin und her, als stände am nächsten Tag die wichtigste Prüfung meines Lebens an. Und nachdem es hell geworden ist, geht mein Blick immer wieder zur Uhr auf dem Weg zum Bäcker, dem zum Zeitungsladen, ja selbst beim Frühstück. Es sollte den ganzen Tag nicht besser werden. Wir haben uns um 11 im Freibad verabredet, das in Steinwurfweite vom Stadion residiert.
Tino und ich treffen zuerst am Stadion ein, wo der Nebenplatz, die knüppelharte „Schmirgelscheibe" wegen des Besucherandrangs zum Parkplatz umfunktioniert wurde. Wir parken Tinos „Zitrone" direkt im Tor und erzielen so den ersten Treffer des Tages.
Dann sehen wir die Cracks des FCW, wie sie vom Abschlußtraining geschlichen kommen. Die meisten von ihnen wirken entspannt. Entspannter als wir. Glückwünsche kriegen sie keine zu hören – das bringt Pech. Alter Bezirksligafußballaberglaube.
Im Freibad findet irgendein Schwimmwettkampf statt. Wir müssen den vollen Preis entrichten, obwohl das Schwimmerbecken gesperrt ist, was uns normalerweise auf die
Palme gebracht hätte. Heute ist es uns egal, weil wir andere Sorgen haben.
Wie lange noch? 4 Stunden?

Kostas Kiosk bietet ein breites leckerfetziges Angebot von Pommes rot-weiß, über Assibroiler (also Bockwurst), über die wie ein Pfauenarsch breit gefächerte Getränkekarte, die von Bier über Caipirinia so ziemlich jeden Hirntöter kennt. Jetzt schon Bier? Nicht bei *der* Wärme!

Wir setzten uns so, dass wir die Schwimmbaduhr im Blick haben. Tino rinnt der Schweiß über Fratze. Es ist das Bier von gestern Abend. Er sagt, dass er von gestern noch einen Helm auf hat und deswegen ins Wasser will. Ich habe keine Lust, mich im Planschbecken herumzuwälzen. Silvio und der Dicke trudeln ein. Beide grinsen sie breit, woran der Frühschoppen der beiden schuld sein könnte. Ich grinse zurück, weil normale Menschen mit Strandtuch oder Badetasche ins Freibad gehen, die Zwei dagegen rücken mit einem Megaphon an.

Wie lange noch? 3 Stunden?

Der Zeiger kriecht absichtlich langsam weiter. Und wenn die Kinder nicht so kreischen würden, könnte ich ihn sicher lachen hören.

„Wann gehen wir rüber ins Estadio?", will Silvio wissen.

„Um 2 reicht, wenn das Spiel um 3 anfängt. Lass uns n Bier vertilgen!", sage ich.

„Das giftige Zeug von gestern gleich wieder aufwärmen? Gute Idee!"

Tino kommt aus dem Zwergenpool zurück und schwitzt noch immer.

„Willste auch ne Pilsette?"

„Nö, bin von gestern noch druff. Ich will den Endstand von nachher nicht erst Montag aus der Zeitung erfahren!"

Wie lange noch? Immer noch zwei Stunden!

Schmidtchen ruft an. „Wir sind schon drüben. Wann kommtn ihr?"

„Wart noch ne dreiviertel Stunde!"

Doch solange halten wir es nicht aus. Halb 2 hält uns nichts mehr im Bad, weil die Geduld erschöpft ist. Uns geht es nicht allein so. Die meisten der Kumpels sind schon da. Nur der Vereinskoch ist schon wieder weg. Ulli, unser Armeegeneral, hatte wegen der Vorkommnisse vom Hinspiel seine Drohung wahr gemacht, den Koch nicht ins Stadion zu lassen, wenn er wieder angetrunken auftaucht.

„Der Kerl merkt doch schon wieder nüscht. Dem kannste n Stock in den Hintern stecken und anzünden – selbst das merkt der nicht!", lästert einer der FCW-Fans.

Immer noch eine Stunde!

Die Schlangen am Stadion werden länger und länger. Die an den Bierständen erst recht. Das Sommerwetter hält. Von den angekündigten Gewittern keine Spur. Sonst kommt der FCW auf gerade mal 200 Zuschauer, heute wird sich diese Zahl

verfünffachen. Dreißig Polizeibeamte sind am Stadion im Einsatz. Gustav, unser Quotenbulle, weiß von weiteren 70, die auf Abruf in der Wache warten.

Noch dreißig Minuten!

Da drüben kommen die gegnerischen Fans. 400 wurden angekündigt und etwa 300 sind gekommen. Unter ihnen auch eine Handvoll Prügelprinzen, von denen einer auch sofort zum Schaulaufen vor der Tribüne ansetzt. Die Miliz will sie nicht auf die Tribüne lassen, dorthin, wo wir stehen.

Die Spieler kommen aus den Kabinen und machen sich warm.

„Ef, Zeh, Wehee!! Ef, Zeh, Wehee!!" wird es auch für die Fans Zeit, sich warm zu machen. Der Zauber kann beginnen.

Hagen, unser Stadionsprecher, zieht eine Supershow ab, dem Anlass angemessen.

Und dem Anlass angemessen beginnt auch das Match. Nämlich nicht nur zurückhaltend, sondern regelrecht schüchtern bis scheu. Jene Besucher, die sonst nur die Bundesliga im Fernsehen kennen, murren, als es nach einer Viertelstunde noch keine einzige Torszene gegeben hat. Uns auf der Tribüne zittern die Hände. Jeder Ballgewinn der Eisenacher wird bejubelt. Silvios Megaphon ist im Dauerstress, trotzdem werden die Bischlebener stärker und nicht der FCW regiert, sondern die Favoriten aus Bischtown. Sie erspielen sich einige gute Gelegenheiten, die unser Keeper Kay (in der Kiste) Sobieray allesamt entschärfen kann.

Zur Pause steht die Null, die doppelte.

„Scheißegal! Ein Tor reicht! Jetzt ist es eh noch zu früh für die Führung.", die Kommentare der Supporter sollen Ruhe demonstrieren, verraten aber trotzdem Nervosität. Kein Wunder. Allen ist klar, dass es für den FC kaum möglich sein würde, einen Rückstand gegen diesen Gegner aufzuholen. 0:0 **ist gut!**

Der Vereinskoch steht mit einem Beutel Bier aus der benachbarten Kaufhalle am Zaun des Wartburgstadions und skandiert in seiner typischen Ein-Mann-Chor-Manier: „Fußballfans sind keine Verbrecher!!!" Die Fans auf der Tribüne grüßen ihn mit seinem ihm eigenen Slogan zurück:

„Wir machen alles kapuuut!!"

Die zweite Halbzeit fängt an, und das Fracksausen auf den Traversen geht in eine neue Runde. Doch der FCW kommt besser ins Spiel, gewinnt mehr Zweikämpfe und kommt sogar zu einer ersten Chance: Libero Rene Koch hat sich vors Tor der Feinde geschlichen und setzt unbewacht zu einem Kopfball an. „U-UUoooohhhhh", ächzt die Masse der Enttäuschten. „Das hätts gewesen sein können!!" Und Fäkalforderungen werden geäußert: „Scheißeee!!!" Die Bischlebener sehen sich irritiert an. „Is denn mit denen los?" scheinen sie sich zu fragen. Aber egal, es könnte doch was gehen

...Der Support der Eisenacher wird lauter. Silvio röhrt durch das Megaphon: „Stimmung hier! Oder wollt ihr nicht aufsteigen? Wir haben noch zwanzig Minuten Bezirksliga!!"

Ein Freistoß für den Eisenacher Club in zwanzig Metern Entfernung vom Bischlebener Tor. Norman Ortlepp, der Nachwüchsler, der Bastian Schweinsteiger des FCW, läuft an und zirkelt das Teil aus totem Rindsleder um die Mauer. Der kommt guuuut? Tor! Doch Tor ruft kaum einer der Fans. Es ist eher ein kollektives „JJJJJiiiaaaaaaaa!", das über dem Wartburgstadion aufsteigt und sich über der ganzen Stadt auszubreiten droht. Zum x-ten Male an diesem Tag geht der Blick zur Uhr: „Wie lange noch? Zwanzig Minuten? Das sind dreißig zu viel! Mindestens!"

Die Eisenacher Fans klammern sich an ihre Bierbecher, kaum in der Lage, den Blick vom Spielfeld zu reißen. Das Spiel an sich ist immer noch ein grauenhaftes Gestochere. Na und? Wir wollen hier nicht unterhalten werden, sondern aufsteigen! Eisenacher und Bischlebener Spieler wollen dass auch. Sie kämpfen verbissen um die Rindsleichenkugel und um jeden Halm auf dem Feld. Die Zeiger der Uhren haben sich gegen den FCW verschworen. In der Schlußviertelstunde scheinen sie den Generalstreik ausrufen zu wollen. Streikziel ist, die FCW-Fans in den Wahnsinn zu treiben. Bischleben kommt zu Chancen! Sie tauchen ein-, zwei-, dreimal vor Kai's Kiste auf, der seinen Tempel jedoch auch gegen diese gefährlichen Schändungsversuche reinhält.

Jeder Entlastungsangriff der Eisenacher wird auf den Rängen gefeiert, wie in „normalen" Spielen Tore. Gerade zieht Gröger im Mittelfeld an zwei Spielern vorbei. „Huuurraaaa!", feuern die Tifosi ihn an. Gröger hat den Ball noch immer. Um zwei Spieler herum haut er die Murmel in Richtung Tor, um Zeit zu gewinnen, denn hinterm Bischlebener Tor sind die Balljungen längst abgezogen. Doch Grögers Schuß dreht sich und dreht sich und würde sich vermutlich jetzt noch drehen, wenn nicht das gegnerische Tor im Weg gewesen wäre. Gegen dessen rechten Pfosten klatscht der Ball. Bischlebens Torwart kann nur zuschauen, und er schaut auch zu, wie die Streitkuller hinter dem linken Pfosten das Tornetz ausbeult. „JJJiiaaaaaaaahhh!!!!!".

Plötzlich sind meine Haare so nass, als wäre ich gerade dem gesperrten Schwimmerbecken des Eisenacher Freibades entstiegen. Was nicht sein kann, denn zwar wären sie dann eben nass, doch sie würden nicht so stinken wie eine Brauerei nach dem Überfall einer Hundertschaft Alkoholiker auf Entzug. Keiner der Fans hält noch seinen Bierbecher in den Händen. Keine Möglichkeit, in diesem Moment ein Getränk irgendwie festhalten zu können. Überall tanzen und umarmen sich ausgelassene FCW-Supporter auf der Tribüne. Wie lange noch? Vier Minuten? Könnte reichen! Das glauben auch die Bischlebener Fans, die jetzt ihre Fahnen einrollen und sich zum Ausgang bewegen. Die Glückwünsche bier- und siegseeliger Eisenacher begleiten sie: „Ihr habt bezahlt - ihr könnt jetzt gehen!"

Ich bekomme einen Tropfen ins Genick und sehe nach oben. Dort sammelt sich der Inhalt von ungezählten

Bierbechern zu winzigen, flüssigen Stalaktiten, die zu Boden fallen wie in einer Tropfsteinhöhle. Endlich pfeift der Mühlhäuser Regionalligaschiri den Aufstiegsgipfel ab, und zum letzten Mal steigt das „JJjiaa-aahh!" des FCW-Anhangs in den Eisenacher Himmel. Heute wird keiner mehr fragen: Wie lange noch? Heute wird nicht mal mehr jemand zur Uhr sehen. Die Fans stürmen die Walstatt. Sie wollen zu ihren Helden, bei der Siegerehrung hautnah dabei sein und aus dem Pokal Cola-Wisky saufen. Die Polizei ist aufmarschiert, um die Erfurter Prügelprinzengarde am Mitmischen zu hindern. „We are the Champions, Weeeee are the Champoins. No Time for Loser, than we are the Champions...of the World!..." der FCW ist wiederm daha, der FCW ist wieder da!!!". Die Chöre sind austauschbar und auf Hunderten von Sportplätzen zu Hause, wie alte Schlager, die niemand mehr hören will, außer einer Handvoll Oldies, bei denen der Musikgeschmack stehen geblieben ist. Wer aber wahren Grund hat, diese verstaubten Fußballzoten zu skandieren, findet sie besser als alles, was die Stones, die Beatles oder Robby Williams jemals geschrieben oder von sich gegeben haben.

Auf der Tribüne wird der Pokal herumgereicht, ein wirklich läppisches Teil, ein verchromter Zahnputzbecher mit Prägung, ein Trainingsbecher, der kaum würdig zu sein scheint, Mittelpunkt eines solchen Volksfestes zu sein. Der ganze Streß der Saison, der Streß dieses Final-Horrors für einen versilberten und zu groß geratenen Fingerhut? Und das soll sich gelohnt haben? Aber ja!! Dieser Glanznapf ist einerseits Symbol für zehn Jahre siebente Bundesliga, für zehn Jahre Leiden auf Dörfern wie Geschwenda, Langula oder Gräfentonna. Aber er bedeutet andererseits auch den Schlüssel, der uns die Fußfesseln der Bezirksliga löst. Haben

Monte Christo oder der Mann in der eisernen Maske nicht auch gejubelt? Für sie war ein rostiger Schlüssel schöner anzusehen als der leuchtendste Diamant!

Für die Eisenacher Fans und Spieler ist diese Büchse schöner als der Championsleguecup oder die Copa del Mundiale.

Er ist für uns der heilige Gral, der uns zuruft: „Leb wohl Knackwurschtliga! Willkommen Knackwurschtklasse!"